KB213155

처음부터 배우는 경영전략

처음부터 배우는
경영 전략

백광석 지음

다온길

프롤로그

전략? 그거 꼭 배워야 돼?

전략이란 단어는 왠지 낯설다. 어렵고, 딱딱하고, 왠지 나와는 거리가 먼 말처럼 느껴진다.

학교에서 배운 적도 없고, 회사에서 들어도 대충 넘기기 일쑤다.

경영진이나 팀장들만 고민하는 이야기 같고, 나와는 먼 세상의 언어처럼 느껴지기도 한다.

그런데 정말 그럴까? 전략은 그렇게 거창한 것일까?

사실 전략은 우리 삶 곳곳에 이미 들어와 있다.

출근길 지하철 노선을 바꾸는 것도, 점심 메뉴를 고르며 시간과 비용을 따지는 것도, 업무를 더 빠르게 끝내기 위해 순서를 바꾸는 것도 다 전략이다.

우리는 생각보다 자주 전략적인 판단을 하며 살고 있다. 다만 그걸 '전략'이라 부르지 않았을 뿐이다.

이 책은 그런 일상 속 전략에서 출발한다.

누구나 겪었을 상황과 주변 사례를 통해 "전략이란 이렇게 쉬운 거였어?"라고 느끼게 만드는 것이 목표다. 복잡한 이론은 빼고, 당장 내 일에 적용할 수 있는 이야기들로 구성했다.

경영전략은 더 이상 회사 전용 도구가 아니다. 신입사원도, 동네 가게 사장님도, 학생도 전략이 필요하다. 왜냐하면 전략은 '더 잘하기 위한 생각의 기술'이기 때문이다.

물론 처음엔 막막할 수 있다. 하지만 전략은 생각보다 가깝고, 생각보다 재미있다. 부담은 내려놓고, 마치 누군가의 비밀 노트를 엿보듯 가볍게 시작해도 괜찮다. 한 장씩 넘기다 보면 어느새 나도 '일 잘하는 사람들'처럼 전략적으로 일하고 있을 것이다.

지금부터 전략이라는 작은 나침반을 손에 쥐고, 내가 원하는 방향으로 한 걸음씩 나아가보자.

처음부터 배워도 늦지 않다. 오히려 지금 시작하는 것이 가장 전략적일 수 있다.

작은 전략 하나가, 큰 차이를 만든다.

백광석

차 례

3장
전략은 팀워크에서 완성된다

〈처음부터 배우는〉 시리즈

"처음부터 배우는" 시리즈는 특정 주제에 대해 막연한 두려움을 가진 초보자와 일반 독자들이 쉽고 명확하게 이해할 수 있도록 기획되었습니다. 처음 접하는 사람들에게 복잡하고 어려운 내용을 친숙하고 간단한 방식으로 풀어내어 학습에 대한 부담을 덜어주고자 했습니다. 이 시리즈는 누구나 쉽게 시작할 수 있도록 구성되었으며, 실생활에서 바로 활용할 수 있는 실용적인 지식과 팁을 제공하여 독자들이 자신감을 가질 수 있도록 돕습니다.

또한, "처음부터 배우는" 시리즈는 초보자들이 핵심 개념을 반복적으로 접하고 이해를 깊이 할 수 있도록 중복된 내용을 일부 포함하고 있습니다. 이는 같은 개념을 여러 번 강조하여 독자들이 중요한 포인트를 놓치지 않고, 핵심적인 내용을 확실히 숙지하도록 돕기 위한 의도입니다.

부제인 "일 잘하는 사람들의 비밀 노트"는 각 분야의 성공적인 사람들이 지식을 활용하고 문제를 해결해 나가는 방식을 비밀 노트처럼 쉽게 설명하고자 하는 의도를 담고 있습니다.

경영전략, 대체 뭐야?

01

전략은 왜 필요한 걸까?

전략이라는 말을 들으면 뭔가 대단하고 복잡한 개념처럼 느껴지기 쉽다. 보통은 대기업의 CEO가 회의실에서 쓰는 말이거나, MBA 과정에서 배우는 이론처럼 들린다. 하지만 실제로 전략은 그렇게 거창한 것이 아니다. 오히려 우리 일상 곳곳에 숨어 있고, 누구나 전략이라는 이름을 붙이지 않았을 뿐 이미 사용하고 있을 가능성이 크다. 예를 들어, 직장인이 아침에 출근해서 책상에 앉아 '오늘 어떤 일부터 할까?'라고 고민할 때, 이미 전략적 선택의 초입에 서 있는 셈이다. 할 일은 많고, 시간은 한정되어 있으며, 그 안에서 성과를 내야 한다면 반드시 우선순위를 정해야 하고, 그 판단의 기준이 바로 전략이다. 전략은 일을 더 빨리 하게 해주는 도구가 아니라, 더 정확하게, 더 맞게, 더 힘 있게 일하게 해주는 사고의 방식이다. 전략은 선택의 기술이자, 주어진 조건 안에서 최대의 효과를 끌어내기 위한 사고의 프레임이다.

전략은 '계획'과 다르다

전략에 익숙하지 않은 사람들이 가장 많이 혼동하는 부분은 전략과 계획의 차이다. 둘 다 뭔가 정해놓고 움직이는 것처럼 보이지만, 사실 본질은 완전히 다르다. 전략은 '방향'에 대한 이야기고, 계획은 '절차'에 관한 것이다. 전략이 먼저 세워져야 그 전략을 구현할 수 있는 계획이 따라오게 된다. 예를 들어 여행을 준비한다고 해보자. 전략은 '이번 여행은 힐링 중심으로, 자연 속에서 쉬는 걸 목표로 하자'는 식의 방향 설정이다. 반면 계획은 '첫날은 산책, 둘째 날은 온천, 셋째 날은 조용한 마을 구경'처럼 구체적인 행동 순서를 짜는 것이다. 전략 없이 계획을 세우면, 좋은 장소는 다 가봤지만 결국 피곤하게만 느껴지는 여행이 될 수 있다. 전략이 먼저 있어야 계획은 의미 있는 순서를 갖게 되고, 하루하루가 목적과 연결되기 시작한다. 회사든 개인이든 마찬가지다. 전략 없이 세운 계획은 바쁘기만 할 뿐, 무엇을 위해 바쁜지는 모른 채 흘러가는 경우가 많다.

전략이 없으면 선택 앞에서 흔들리게 된다

일을 하다 보면 반드시 선택의 순간이 온다. 어떤 일을 먼저 할지, 어떤 방향으로 갈지, 어떤 기준으로 결정할지를 끊임없이 정해야 한다. 그런데 전략이 없다면 모든 것이 중요해 보이고, 모든 게 급해 보이기 때문에 선택 자체가 흐려진다. 예를 들어 작은 온라인 쇼핑몰을 운영하는 사람이 있다고 하자. 그는 오늘 고객 관리도 해야 하고, 신상품도 등록해야 하며, 광고 예산도 정해야 한다. 그런데 어떤 일부터 해야 할지 결정하지 못하고, 하루 종일 이것저것 하다 보면 결국 중요한 건 빠뜨리게 된다. 반대로 '이번 달은 신규 고객보다 기존 고객의 재구매율을 높이자'는 전략이 있다면, 메시지를 보내는 것도, 상품을 추천하는 것도, 이벤트를 설계하는 것도 모두 그 전략 아래에서 선택과 실행이 가능해진다. 전략은 무엇을 할지보다 무엇을 하지 않을지를 먼저 정하게 해주고, 혼란을 줄이며, 기준을 명확히 해주는 역할을 한다.

전략이 없을 때 생기는 문제는 일상 속에 숨어 있다

전략의 부재는 특별한 실패로 나타나지 않는다. 오히려 가장 무섭게 작용하는 건 아주 일상적인 문제들이다. 예를 들어, 회의를 열었는데 1시간 넘게 얘기만 하다 결정이 나지 않는다든가, 팀원들마다 다른 우선순위로 움직여서 같은 목표를 두고도 충돌이 발생한다든가, 모두 바쁘게 일했는데 결과는 없고 고객의 반응도 미지근한 경우다. 이런 현상은 전략이 없거나, 있어도 공유되지 않았거나, 실행되지 않았다는 뜻이다. 또 다른 사례로, 한 스타트업 팀이 신제품을 런칭했는데, 마케팅팀은 SNS 광고를 하고, 기획팀은 기능 개선에 집중하고, 영업팀은 제휴를 시도했다. 각자 열심히는 했지만 같은 방향을 향하지 않았기 때문에 결과는 분산되고, 집중된 성과가 만들어지지 못했다. 전략이란 '무엇을 한다'는 선언이 아니라, 모든 행동이 한 방향으로 정렬되게 만드는 힘이다.

전략은 자원을 하나로 모아준다

우리가 가진 자원은 늘 제한적이다. 하루의 시간, 사람의 에너지, 회사의 예산, 개인의 집중력은 모두 무한하지 않다. 전략은 이 자원을 흩어지지 않게 묶어주는 역할을 한다. 마치 둑을 세워 물을 한 방향으로 흐르게 하듯, 전략이 있으면 집중이 생긴다. 예를 들어, 한 프리랜서 작가가 있다고 하자. 그는 글도 쓰고, 영상 편집도 하고, 강연도 준비하지만, 점점 바빠질수록 일이 산만해지고 수입도 줄어들었다. 그래서 그는 전략적으로 '브랜드 글쓰기'라는 주제를 중심으로 모든 활동을 묶기로 했다. SNS에도 그 주제로 글을 올리고, 영상도 그에 맞게 기획하고, 강연도 일관되게 이어갔다. 그렇게 되자 고객도 메시지를 더 잘 이해하고, 작가 자신도 에너지 낭비 없이 일관된 흐름을 유지할 수 있었다. 전략은 단순한 정리가 아니라, 흐름을 만들어주는 설계다.

전략적인 사람은 사고 습관이 다르다

전략은 단지 도구가 아니라 습관이다. 전략적으로 일하는 사람들은 작은 일을 하더라도 먼저 목적을 묻고, 그 일을 하는 이유를 스스로 점검한다. 똑같이 보고서를 써도, 어떤 사람은 요구받은 대로 데이터를 나열하고 끝내지만, 전략적인 사람은 '이 보고서를 보는 사람이 어떤 결정을 내릴까?', '이 수치 중 핵심은 무엇일까?'를 고민하며 내용을 정리한다. 전략적인 사고를 가진 사람은 말을 덜 하지만 요점을 잘 짚고, 일이 시작되기 전부터 결말을 그려보며 준비한다. 이건 특별한 재능이 아니라, 매일 반복하는 '사고 방식'의 결과다. 중요한 건 이런 전략적 사고는 누구나 연습할 수 있다는 점이다. 처음엔 어색해도, 일을 시작할 때 한 번 더 **내가 지금 왜 이걸 하는가**'를 묻는 순간부터 전략은 작동하기 시작한다.

이제 전략은 더 이상 먼 이야기가 아니다. 방향을 정하고, 자원을 집중시키고, 일을 정렬되게 만드는 가장 현실적인 도구다. 그리고 전략은 누구에게나 필요하고, 누구나 익힐 수 있다. 이 책은 그런 전략의 감각을 처음부터 차근차근 키워갈 수 있도록 돕기 위해 쓰였다. 중요한 건 복잡한 이론보다도, 지금 눈앞의 선택을 조금 더 잘하기 위한 기준을 갖는 일이다. 그 시작이 바로 전략이다.

전략과 전술은 어떻게 다를까?

전략과 전술은 마치 한 몸처럼 다뤄지지만, 실제로는 서로 다른 역할을 한다. 전략이 '왜' 해야 하는지를 설명하는 큰 그림이라면, 전술은 '어떻게' 실행할지를 정하는 구체적인 방식이다. 이 둘은 방향과 움직임의 관계라고 볼 수 있다. 방향이 없으면 아무리 뛰어도 목적지에 도달할 수 없고, 움직임이 없으면 아무리 좋은 방향도 현실에서 아무 일도 일어나지 않는다. 하지만 많은 초보자들은 전략과 전술을 헷갈리거나 뒤섞어 사용하고, 결국 전체적인 성과가 모호해지는 경우가 많다. 예를 들어, 회사를 막 창업한 한 대표가 있다고 해보자. 그는 브랜드 인지도를 높이기 위해 SNS를 시작했다. 하루에 세 번 이상 게시물을 올리고, 이벤트도 열고, 유튜브 영상도 제작했다. 하지만 어느 순간 그는 묻는다. "나는 왜 이걸 하고 있는 거지?" 목적은 흐릿하고, 방향은 불분명한 채 시간과 돈만 빠르게 소모된다. 이 대표는 전술을 사용하고 있었지만 전략이 없었던 것이다.

전략이 방향이라면 전술은 도구다

가장 간단하게 말하면 전략은 '어디로 갈 것인가'를 말하고, 전술은 '그곳에 어떻게 갈 것인가'를 말한다. 전략은 큰 그림이고, 전술은 그 그림 안의 디테일이다. 예를 들어 마라톤에 출전한다고 할 때, 전략은 '이 레이스를 중간 속도로 유지하다가 마지막 5km에서 스퍼트를 낸다'는 방식이다. 전술은 '언제 물을 마시고, 어디에서 에너지를 아낄 것인가'를 세부적으로 정하는 것이다. 전략이 없는 전술은 흐름이 없고, 전술이 없는 전략은 실행력이 없다. 실제로 한 프랜차이즈 카페 브랜드는 매출이 줄자 각 매장에 '이벤트 쿠폰'을 활용하라는 전술적 지시를 내렸다. 하지만 본사의 전략 방향은 '프리미엄 브랜드 이미지 구축'이었다. 결국 고객은 혼란스러워졌고, 브랜드 이미지는 흔들렸다. 전술이 전략과 연결되지 않으면 오히려 혼선을 일으킬 수 있다. 그래서 전략과 전술은 반드시 함께, 그리고 일관되게 설계되어야 한다.

전술은 문제를 해결하고, 전략은 문제를 정의한다

초보자에게 이 차이는 다소 낯설 수 있지만, 매우 중요한 관점이다. 전술은 이미 정의된 문제를 해결하기 위한 수단이다. 반면 전략은 그 문제 자체를 어떻게 정의할 것인지를 결정한다. 같은 상황이라도 전략에 따라 문제의 정의가 달라지고, 당연히 전술도 달라진다. 예를 들어 온라인 쇼핑몰에서 구매 전환율이 낮은 상황을 보자. 마케터 A는 문제를 '광고 효율이 낮다'고 보고, 타깃 광고로 전환한다.

마케터 B는 문제를 '상품 정보가 고객에게 매력적으로 보이지 않는다'고 보고, 상세페이지 디자인을 바꾼다. 그리고 마케터 C는 문제를 '재방문을 유도하지 못한다'고 보고, 장바구니 리마인드 메일을 보낸다. 이들 모두 전술적으로 움직였지만, 문제의 정의가 다르다. 그런데 이 쇼핑몰의 전략이 '충성 고객 확보를 통한 장기 수익 구조 만들기'였다면, C의 접근이 전략에 부합한다. 전략은 전술보다 먼저이며, 전략이 문제를 정의하면 전술은 그에 맞게 설계되어야 한다.

계획과 전술은 비슷하지만 감정적 안정감은 다르다

계획은 일정과 절차에 가깝고, 전술은 경쟁에서 유리해지기 위한 선택이다. 전술에는 '경쟁을 앞서는 움직임'이라는 요소가 포함된다. 계획대로만 해도 일이 굴러가긴 하겠지만, 전술이 있으면 예기치 않은 상황에서도 유연하게 반응할 수 있다. 어떤 조직이 위기 상황에 처했을 때 '기존 계획대로만' 가는 곳은 흔들리고 무너지기 쉽다. 하지만 전술적으로 유연한 곳은 바로 판단을 바꾸고 다른 방법을 시도한다. 예를 들어 코로나 시기, 한 오프라인 강의 업체는 전통적인 강의 일정을 계속 고수했다. 반면 경쟁사는 '무료 온라인 체험 수업'이라는 전술을 활용해 신규 유입을 급격히 늘렸고, 위기를 기회로 바꾸는 데 성공했다. 전략은 같더라도 전술이 다르면 결과는 극명하게 갈릴 수 있다. 게다가 전술은 실행력이 있기 때문에 자신감을 회복시키고, 조직의 감정적 안정감을 회복하는 데도 큰 역할을 한다.

전략이 없는 전술은 반복을 낳고, 피로를 만든다

전술은 자칫하면 '일이 돌아가는 느낌'을 주기 쉽다. 그래서 바쁘긴 한데 결과는 흐릿한 상황이 계속된다면 전략이 없는 전술만 반복되고 있을 가능성이 크다. 예를 들어 블로그를 운영하는 한 콘텐츠 마케터가 있다고 해보자. 그는 매일 글을 쓰고 키워드를 분석하며 트래픽을 올리기 위해 노력한다. 하지만 '우리는 어떤 독자에게 어떤 메시지를 전달하고 싶은가'라는 전략이 없다면, 글의 방향도, 목적도 점점 흐려진다. 처음엔 블로그 방문자 수가 늘었지만, 정작 전환율은 낮고, 구독자는 줄어든다. 이런 상황은 바쁜 만큼 성과가 나오지 않아 피로를 높이고, 결국 전략 없는 반복만 남게 된다. 전략이 있으면, '이번 달은 전문성 있는 콘텐츠를 쌓고, 다음 달부터 전환을 유도하는 구조로 바꾸자'는 흐름을 잡을 수 있다. 그렇게 되면 전술은 흐름 속에서 의미 있는 움직임이 되고, 팀 전체의 피로도는 줄어든다.

전략적인 사람은 전술보다 질문을 먼저 던진다

일을 잘하는 사람들을 보면 항상 실행부터 들어가는 게 아니라 질문을 던진다. '이 일이 지금 필요한가?', '이게 정말 문제의 핵심인가?', '이 선택이 다음 결과에 어떤 영향을 줄까?' 이런 질문이야말로 전략적인 태도의 시작이다. 전술은 빠르게 움직이게 만들지만, 전략은 멈추고 생각하게 만든다. 예를 들어 보고서를 쓰는 상황에서, 전략적인 사람은 '이 보고서의 독자가 누구인지', '무엇을 보고 어떤 결정을 내려야 하는지'를 먼저 생각한다. 그리고 그에 맞춰 자료를 정리하고,

메시지를 설계하고, 시각 자료를 첨부한다. 단순히 많이 넣는 것이 아니라 '제대로 전달되도록 설계'하는 것이다. 이런 사람은 말도 짧고, 메시지도 정확하고, 일도 효율적으로 마무리된다. 초보자라면 이런 전략적인 습관을 흉내 내는 것만으로도 충분히 실력이 올라간다. 시작은 **'질문하는 것'**이고, 그 질문이 쌓이면 사고의 흐름이 바뀌고, 그게 곧 전략이 된다.

전술과 전략은 서로 다르지만, 결코 떨어뜨려 놓을 수 없는 관계다. 전략은 큰 방향을 세우고, 전술은 그 방향으로 실제로 움직이게 한다. 하나만 있어도 부족하고, 둘이 함께 있어야 일은 흐름을 갖게 된다. 초보자에게 정말 중요한 건, 먼저 전체를 보고 판단하는 습관을 갖는 것이다. 일을 시작할 때 '지금 내가 하려는 건 전략인가, 전술인가'를 한번 생각해보는 것만으로도 전략 감각은 시작된다. 이 책은 그런 생각을 처음부터 길러주기 위해 쓰였고, 앞으로의 내용에서도 계속해서 두 개념이 어떻게 실전에서 조화를 이루는지를 보여주게 될 것이다.

커피숍 사장님의 하루에도 전략이 있다

전략이라고 하면 거창한 사업계획서나 대기업의 성장 비전 같은 걸 떠올리기 쉽지만, 사실 전략은 규모나 산업을 가리지 않고 누구에게나 필요하다. 특히 개인이 운영하는 작은 가게나 자영업자에게 전략은 생존과 연결된 문제이기도 하다. 하루 매출, 고객 수, 원가와 인건비처럼 숫자로 바로 체감되는 결과가 나오기 때문에, 전략의 유무가 성패를 가르는 핵심 요소가 된다. 그런데도 많은 자영업자들이 전략이라는 단어를 멀게만 느끼는 이유는, 그것이 실생활에서 어떻게 작동하는지를 제대로 본 적이 없기 때문이다. 하지만 전략은 늘 그 자리에 있었다. 단지 말로 꺼내지 않았을 뿐이다. 한 동네 커피숍 사장의 이야기를 보면 그것이 얼마나 일상적인 것인지 알 수 있다. 그래서 전략은 거창하게 배워야 하는 것이 아니라, 작은 선택 속에서 자연스럽게 길러져야 한다.

오전 매출과 오후 매출을 분리해 보는 시선이 전략의 시작이다

그 커피숍은 오전에는 출근길 직장인들이 잠깐 들러 테이크아웃 커피를 사가는 것이 매출의 대부분이었다. 하지만 점심시간 이후부터 저녁까지는 손님이 현저히 줄어드는 문제가 있었다. 대부분의 소규모 카페는 이 시간을 그냥 '조용한 시간'이라 생각하며 흘려보내거나, 쿠폰 할인 같은 방식으로 임시 대응을 한다. 하지만 이 사장은 하루 매출을 시간대별로 나누어 분석하고, 오전과 오후의 고객 특성이 다르다는 점에 주목했다. 오전은 속도와 효율을 중시하는 직장인 중심이라면, 오후는 상대적으로 여유 있고 공간 중심의 소비를 원하는 사람들이라는 점에서 서비스와 마케팅 전략을 분리해야 한다고 판단했다. 그 결과 오전에는 테이크아웃 중심의 빠른 응대를 유지하고, 오후에는 혼자 와서 책을 읽거나 노트북을 사용할 수 있는 '조용한 집중 구역'을 따로 마련했다. 공간 배치도 바꾸고, 콘센트와 조명을 조정했으며, 음료 메뉴도 오후에는 디카페인과 차류를 강조했다. 이러한 조치는 단순한 인테리어 변경이 아니라 '전략'의 결과였다. 고객을 시간대별로 세분화하고, 각 세그먼트에 맞춰 서비스를 조정한 것이다.

고객을 관찰하는 습관은 전략적 사고의 첫걸음이다

이 사장이 특별한 MBA 수업을 들은 것도 아니고, 대기업 마케팅을 한 것도 아니었다. 단지 매일매일 손님들의 행동을 유심히 관찰했고, 반복되는 패턴을 찾아냈으며, 그 흐름을 바꾸기 위한 시도를 멈추지 않았다는 점에서 전략적인 사고를 하고 있었던 것이다. 초보자들이 전략이라고 하면 뭔가 복잡한 분석 도구부터 떠올리지만, 실제로 전략의 출발점은 바로 '관찰'이다. 누구를 대상으로, 어떤 시간에, 어떤 방식으로 내가 일을 하고 있는지를 보는 것. 그 시선이 생기는 순간부터 전략의 언어가 일상에 들어오기 시작한다. 일하는 방식이 조금씩 달라지고, '왜 이렇게 하는가'라는 질문을 스스로에게 던지는 일이 잦아지며, 결과적으로 모든 선택이 더 명확해진다.

문제를 정리하고 우선순위를 세우는 능력이 전략을 만든다

한때 이 커피숍은 인근에 새로운 프랜차이즈 매장이 생기면서 매출이 줄기 시작했다. 경쟁이 치열해졌고, 손님들은 자연스럽게 브랜드 인지도가 높은 곳으로 향했다. 이럴 때 대부분의 자영업자는 가격 인하나 더 많은 쿠폰 발행 같은 단기 대응에 나서기 쉽다. 하지만 이 사장은 먼저 문제를 정리했다. '우리 매장의 강점은 무엇인가?', '프랜차이즈가 할 수 없는 것은 무엇인가?', '고객이 우리 가게에서 진짜로 얻어가는 경험은 무엇인가?' 그는 결론을 내렸다. 사람들은 이 카페의 '조용하고 차분한 분위기'와 '직접 로스팅한 원두'를 좋아했고, 그것이 단순한 커피 맛 이상으로 가치를 준다는 사실이었다. 그래서 그는 가격 경쟁 대신 '공간 가치'를 더 강조하기로 했다. 조용한 음악, 향기, 좌석 간 간격, 아날로그 감성의 메뉴판까지 모든 것을 '여기에서만 느낄 수 있는 경험'에 맞춰 조정했다. 이처럼 문제를 분석하고, 전략을 세우고, 전술을 구체화하는 과정은 이 작은 커피숍에서도 명확하게 일어나고 있었다.

전략은 작게 시작해서 크게 이어진다

전략이라는 단어가 멀게 느껴지는 가장 큰 이유는 처음부터 큰 전략을 떠올리기 때문이다. 하지만 실제 전략은 작은 문제를 정의하고, 하나씩 개선하는 데서 시작된다. 이 사장은 '평일 오후 매출이 적다'는 작은 문제에서 출발했고, 그것이 시간대별 고객 분석, 서비스 차별화, 경쟁 대응 전략까지 자연스럽게 확장되었다. 전략은 작게 시작해서 크게 이어지는 것이다. 그리고 그 시작은 거창한 문서나 보고서가 아니라 **'이 문제를 어떻게 바라볼 것인가'**라는 질문이다. 그 질문을 던지지 않으면 우리는 매일 비슷한 방식으로 일하고, 비슷한 방식으로 지치게 된다. 하지만 질문을 던지고, 방향을 정하고, 자원을 조금씩 조정하다 보면 일은 조금씩 흐름을 갖게 되고, 성과는 이전보다 선명해진다.

전략적인 사람은 같은 하루도 다르게 설계한다

이 커피숍 사장의 하루는 여전히 바쁘다. 아침 일찍 문을 열고, 커피를 내리고, 재고를 관리하며, 고객을 응대한다. 하지만 그 하루는 계획 없이 흘러가는 하루가 아니다. 그는 매주 금요일 저녁이면 지난주 매출과 고객 반응을 정리하고, 작은 실험을 돌이켜보며 다음 주에 바꿔볼 부분을 메모한다. 고객 리뷰 하나도 그냥 넘기지 않고, 그 안에서 패턴을 찾고, 작은 힌트를 얻는다. 이런 습관은 전략적으로 일하는 사람의 가장 큰 특징이다. 항상 전체를 본다. 항상 흐름을 본다. 항상 다음을 본다. 단지 일처리를 잘하는 사람이 아니라, 일의 구조와 방향을 함께 고민하는 사람이다. 누구나 이 감각을 처음부터 갖고 있지는 않지만, 훈련을 통해 충분히 익힐 수 있다. 중요한 건 오늘의 선택을 '**왜 그렇게 했는가**'를 스스로 설명할 수 있는 힘이고, 그게 바로 전략이 존재한다는 증거다.

전략은 크고 복잡한 조직에서만 필요한 게 아니다. 오히려 더 작은 단위, 하루의 운영 하나하나가 생존과 직결되는 환경에서 전략은 더욱 선명하게 작동한다. 커피숍 사장의 하루에도, 그가 내리는 한 잔의 커피에도 전략이 있다. 이제부터는 우리 일에도 전략을 하나씩 넣어보자. 어떤 문제를 정의하고, 어떤 방향을 세우고, 어떤 우선순위를 정할 것인지. 그 작은 전략의 시작이 더 나은 결과를 만들어낼 것이다.

전략을 알면 일이 쉬워진다

일이 힘들다고 느껴질 때 많은 사람들은 방법을 바꾸려고 하거나, 시간을 더 쓰려고 하거나, 더 열심히 하려고 한다. 하지만 방향이 잘못된 상태에서 아무리 속도를 높여도 결과는 달라지지 않는다. 이런 순간에 중요한 건 앱이나 도구를 바꾸는 게 아니라, 일의 방향을 다시 세우는 전략이다. 전략을 알게 되면 일은 확실히 쉬워진다. 여기서 쉬워진다는 말은 단순히 덜 바쁘다는 뜻이 아니라, 우선순위가 명확해지고, 판단이 빨라지고, 일이 목적과 연결되기 시작한다는 뜻이다. 일이 단순한 '처리'에서 벗어나 '설계'로 바뀌고, 막연한 긴장 대신 조절 가능한 흐름이 생긴다. 그리고 이런 차이는 생각보다 아주 작고 사소한 전략의 감각에서 출발한다. 전략을 알면 일이 줄어드는 게 아니라, 에너지를 쓸 곳과 빼야 할 곳이 뚜렷해진다. 복잡한 일도 흐름을 따라 풀어갈 수 있게 되고, 해야 할 일과 하지 않아도 될 일이 자연스럽게 구분된다.

전략이 있으면 결정이 빠르고 간단해진다

전략이 없는 사람은 매일의 선택 앞에서 고민이 많아진다. 어떤 일을 먼저 해야 할지, 누가 더 중요한 고객인지, 지금 해야 할 일이 맞는지 같은 판단이 전부 그때그때의 감정과 분위기에 따라 움직인다. 예를 들어 한 스타트업 마케터가 있다고 하자. 이 마케터는 하루에 콘텐츠도 만들고, 고객 문의도 응답하고, 데이터도 분석해야 한다. 전략 없이 움직이던 시절 그는 매일 아침 할 일을 적고, 하나씩 지우며 일했다. 하지만 퇴근 시간쯤 되면 늘 중요한 건 뒤로 밀려 있었고, 급한 일들만 처리하느라 성취감은 없었다. 이후 그는 팀에서 '우리는 이번 분기에 신규 고객 유입보다 기존 고객의 충성도 강화에 집중한다'는 전략을 명확히 세운 뒤부터 달라졌다. 결정의 기준이 생기자 어떤 요청에 바로 '지금은 우선순위가 아니니 다음으로 미루겠다'고 말할 수 있게 되었고, 회의도 짧아지고, 보고서 작성 시간도 줄었다. 전략이 있으면 '모두 중요하다'는 압박에서 벗어날 수 있다. 가장 중요한 것만 먼저 하게 되며, 결정은 더 빠르고 단순해진다.

전략은 불확실한 상황에서도 나침반이 되어준다

일을 하다 보면 언제나 예측하지 못한 상황이 나타난다. 계획대로 되는 날은 드물고, 갑작스러운 변수는 늘 발생한다. 이럴 때 전략이 있는 사람은 당황하지 않는다. 전략이란 방향을 세우는 것이기 때문에, 길이 잠깐 막혀도 전체 지도를 가지고 있는 사람처럼 빠르게 우회로를 찾을 수 있다. 반면 전략이 없는 사람은 그때그때 반응하며 움직이기 때문에, 길이 막히면 멈추거나 돌아서고, 다시 시작할 땐 어디까지 왔는지도 잊어버리기 쉽다. 예를 들어 한 프리랜서 디자이너가 있다고 해보자. 그는 평소 디자인만 잘하면 된다고 생각했지만, 클라이언트마다 요구하는 피드백이 너무 달라서 번번이 일정이 밀리고 밤을 새우기 일쑤였다. 그런데 그는 스스로 '나는 감각적인 디자인보다는 브랜드 일관성을 잡아주는 디자이너로 포지셔닝 하겠다'는 전략을 세운 후부터 고객 상담 방식, 제안서 구조, 작업 방식까지 일관되게 바꾸었다. 이후 피드백은 줄었고, 자신을 찾는 고객의 유형도 명확해졌다. 이처럼 전략은 단순히 일의 효율을 높이는 것을 넘어, 흔들리는 순간에 중심을 잡아주는 기준이 된다.

전략은 반복되는 일을 줄이고, 핵심에 집중하게 해준다

전략이 없으면 비슷한 문제를 매번 새롭게 해결해야 한다. 같은 일을 계속 반복하고, 똑같은 실수를 되풀이하며, 작은 결정 하나에도 매번 에너지를 쓴다. 반대로 전략을 세운 사람은 기준과 흐름이 있기 때문에 같은 결정을 여러 번 하지 않는다. 일은 더 간단해지고, 에너지는 핵심에 집중된다. 예를 들어 한 교육기업의 팀장이 있다. 그는 수업 기획, 마케팅, 강사 섭외, 콘텐츠 개발 등 다양한 업무를 하면서 늘 '바쁘기만 하다'는 말을 입에 달고 살았다. 하지만 전략적 관점을 가진 동료의 조언으로 그는 '우리는 20대 후반 직장인을 위한 자기계발 중심의 강의 브랜드가 된다'는 방향을 세우고, 그에 맞는 강사와 콘텐츠, 광고 채널만 남기고 나머지는 과감히 정리했다. 그 후 같은 시간 안에도 업무량은 줄었고, 성과는 오히려 늘었다. 반복을 줄이고, 핵심에만 집중할 수 있게 된 것이다. 전략은 모든 걸 잘하려는 마음 대신, 진짜 중요한 걸 잘하게 만든다.

전략적인 사람은 일의 '앞'과 '뒤'를 연결한다

단기 성과에만 몰두하면 매번 일은 새롭게 시작되고, 지난 경험은 쌓이지 않는다. 하지만 전략을 갖고 일하는 사람은 '이번 일이 다음에 어떤 영향을 미칠까'를 항상 생각하며 일한다. 그래서 같은 실수를 반복하지 않고, 누적된 결과를 쌓아간다. 예를 들어 콘텐츠 제작자가 있다. 그는 처음에는 유튜브 조회수만 보고 콘텐츠를 만들었지만, 어느 순간 늘 비슷한 콘텐츠만 반복하게 되었고 구독자는 늘지 않았다. 전략적으로 전환한 후, 그는 '브랜드 인지도 강화'를 중심 목표로 잡고 콘텐츠 유형을 다양화하며, 조회수보다 조회 지속 시간과 전환률을 기준으로 관리하기 시작했다. 결과적으로 영상의 수는 줄었지만 구독자 수는 빠르게 늘었고, 영상 하나하나가 브랜드 자산이 되기 시작했다. 전략은 눈앞의 숫자가 아니라, 흐름을 만들고 미래를 연결한다.

전략을 알면 '열심히'보다 '잘함'에 가까워진다

열심히만 하는 건 누구나 할 수 있다. 하지만 일을 잘하는 사람은 열심히 하되 방향을 놓치지 않는다. 전략을 아는 사람은 '더 많이' 보다 '더 맞게' 일하는 데 집중한다. 예를 들어 한 회사에서 두 명의 직원이 있다. A는 늘 늦게까지 야근하며 꼼꼼하게 모든 업무를 처리하지만, 일의 우선순위를 못 정해 중요한 걸 자주 놓친다. B는 퇴근 시간이 일정하고, 일을 시작할 때 항상 **'이걸 왜 하는가'**를 먼저 점검한다. 프로젝트마다 전략을 먼저 세우고, 계획은 그 전략에 맞게 조정한다. 그래서 B는 일정이 밀리는 일도 거의 없고, 보고할 때도 간결하게 핵심을 정리할 줄 안다. 결국 팀에서는 B가 '일을 잘하는 사람'으로 평가받는다. 전략은 일의 양이 아니라, 결과와 흐름을 바꾼다. 일하는 시간을 줄이는 것이 아니라, 일의 밀도를 높이고, 의미를 분명히 만드는 역할을 한다.

일이 힘들다고 느껴질 때, 먼저 물어야 할 것은 **'내가 왜 이걸 하고 있지?'**다. 전략은 그 질문에 답을 찾게 해주고, 일의 시작과 끝을 하나로 연결해준다. 전략을 알게 되면, 일은 단순해진다. 판단은 빨라지고, 선택은 또렷해지고, 일은 흘러가기 시작한다. 그리고 그 흐름 속에서 우리는 더 적은 에너지로 더 나은 결과를 만들 수 있게 된다. 전략을 안다는 건 결국, 일을 내 방식으로 설계하는 힘을 갖는다는 뜻이다.

성공하는 사람들은 전략적으로 일한다

많은 사람들이 성공한 사람들을 떠올릴 때 '능력이 뛰어나다'거나 '운이 좋았다'고 말하곤 한다. 물론 능력과 타이밍은 중요하다. 하지만 더 중요한 것은 그들이 자신이 하는 일을 어떻게 바라보고, 어떤 기준으로 선택하고, 어떻게 반복했는가다. 수많은 기회를 놓치지 않고, 실패에서 빠르게 벗어나며, 시간이 갈수록 결과를 쌓아가는 사람들에게는 공통점이 있다. 그들은 전략적으로 일한다. 단순히 열심히 하는 것이 아니라, 일을 어떻게 설계하고 실행할지를 끊임없이 조정하며, 자신만의 흐름을 만들어낸다. 성공은 갑자기 나타나지 않는다. 작지만 일관된 전략의 반복이 모여 만들어진다. 그들은 상황을 통제하려 하기보다, 흐름을 읽고 거기에 맞춰 자신을 조정할 줄 안다. 그렇게 쌓인 전략적 선택의 습관이 결국 큰 차이를 만든다. 단기 성과에 일희일비하지 않고, 장기적인 목표를 향해 자신만의 속도를 유지한다.

전략적으로 일하는 사람은 목표보다 흐름을 먼저 본다

전략적인 사람은 '무엇을 이룰까?'보다는 '어떻게 그 방향으로 흐르게 할까?'에 집중한다. 목표만 크게 잡아놓고 현실과 연결하지 않으면 실현 가능성이 낮다. 예를 들어 책을 쓰고 싶은 직장인이 있다고 해보자. 그는 몇 년째 '언젠가는 책을 내야지'라고 생각하면서도 매번 바쁜 일정에 밀려 실행에 옮기지 못한다. 반면 또 다른 사람은 '매주 토요일 오전 2시간씩 글을 쓰겠다'는 전략을 세우고, 매주 다른 약속을 그 시간에 잡지 않도록 스스로에게 규칙을 만들었다. 6개월 뒤 그는 초고를 완성하고, 출판사에 원고를 투고해 긍정적인 반응을 받았다. 전략적인 사람은 목표만 정해놓고 묻어두지 않고, 그 목표에 도달하기 위한 일상적인 흐름을 설계한다. 흐름이 있어야 목표가 움직인다. 성공한 사람들은 이 흐름을 일관되게 설계하는 데 익숙하다.

전략적인 사람은 일이 아니라 '판'을 바꾼다

일을 잘하는 사람과 전략적으로 일하는 사람은 다르다. 일을 잘하는 사람은 맡은 역할을 빠르고 정확하게 해낸다. 하지만 전략적으로 일하는 사람은 그 일을 둘러싼 조건 자체를 바꾼다. 예를 들어 한 중견기업의 팀장이 있었다. 그는 열심히 일했고 팀원들도 따랐지만, 매출은 늘 정체 상태였다. 그는 기존 방식대로 계속 캠페인을 기획하고, 전시회를 준비하며, 늘 하던 걸 반복했다. 어느 날 그는 이런 질문을 던졌다. "지금까지의 방식이 맞다면, 왜 결과는 늘 같을까?" 그는 경쟁사와의 단가 싸움에서 벗어나, 새로운 유통 채널로 진입하기로 결심했고, 수익 구조를 바꾸는 전략을 세웠다. 결과는 분명했다. 1년 뒤 회사는 더 적은 자원으로 더 큰 매출을 올릴 수 있게 되었고, 그의 팀은 조직 내에서 가장 빠르게 성장하는 부서가 되었다. 전략적으로 일한다는 건, 지금 하는 일을 잘 넘기는 것이 아니라, 일이 흘러가는 판 자체를 재설계할 줄 아는 능력이다.

전략적인 사람은 선택의 폭을 줄이되, 실행의 힘을 키운다

성공한 사람들은 많은 선택을 하는 대신, 좋은 선택을 반복한다. 전략적인 사람은 선택의 순간마다 고민에 빠지기보다, 자신만의 원칙과 기준을 갖고 자동적으로 판단하고 행동한다. 예를 들어 한 유명 유튜버는 매일 콘텐츠 소재를 고민하지 않는다. 그는 이미 정해진 콘텐츠 라인업과 구조 안에서 주제를 소화하며, 그 틀 안에서 실험을 이어간다. 그 덕분에 콘텐츠의 품질은 일정하고, 효율은 매우 높다. 반면 전략이 없는 사람은 매번 새롭게 '무엇을 하지?'라는 질문에 갇히고, 결정 피로에 시달린다. 전략적으로 일하는 사람은 스스로 선택을 줄이면서도 더 깊이 실행하는 사람이다. 선택을 덜 하겠다고 결심하는 순간부터 일의 밀도는 훨씬 높아진다.

전략이 있는 사람은 실패를 다음 성공으로 연결한다

전략적인 사람은 실패를 무조건 피하려 하지 않는다. 오히려 실패는 자신의 전략을 점검하고 다듬을 기회라고 생각한다. 한 프리랜서 개발자가 있었다. 그는 앱 출시 첫 달, 기대보다 훨씬 낮은 다운

로드 수에 충격을 받았다. 하지만 그는 이 실패를 두려워하지 않고 전략을 다시 꺼내들었다. 타깃을 세분화했고, 기능을 줄였으며, 홍보 채널도 바꿨다. 결과는 두 번째 출시에서 극적으로 바뀌었다. 이처럼 전략이 있는 사람은 실패 앞에서도 무너지지 않는다. 왜냐하면 자신이 왜 이걸 했는지를 알고 있고, 어떤 부분을 조정해야 하는지를 파악할 수 있기 때문이다. 전략은 실패를 다시 도전으로 전환할 수 있는 메커니즘을 제공한다. 성공한 사람들은 결국 실패를 통과한 전략가들이다.

전략적인 습관이 성장을 만든다

성공한 사람들은 일회성 아이디어나 단기적 열정보다 반복 가능한 전략을 일상에 녹여내는 습관을 가진 사람들이다. 그들은 늘 '지금 하고 있는 일이 나중에 어떤 흐름으로 이어질지'를 생각하며, 하나의 행동이 어떻게 누적될지를 고민한다. 예를 들어 매주 금요일 오후 한 시간씩 다음 주의 목표를 정리하는 팀장이 있다. 그는 단순한 할 일 목록이 아니라, 이번 주 결과를 돌아보고, 어떤 전략이 작동했는지, 어떤 전술이 맞지 않았는지를 체크한다. 그리고 그것을 다음 주 실행 방식에 반영한다. 이런 루틴은 결국 실행의 정확도를 높이고, 실수를 줄이며, 팀원들의 방향성도 선명하게 만들어준다. 전략적인 습관은 멀리서 보면 느리지만, 시간이 갈수록 압도적인 차이를 만든다.

성공은 우연처럼 보이지만, 그 이면에는 일관된 전략이 있다. 성공하는 사람들은 무조건 열심히 하지 않는다. 무엇을 할지, 왜 해야 할지, 어떻게 연결될지를 먼저 고민하고 움직인다. 그들의 전략은 복잡한 이론이 아니라 단순하고 명확한 기준이며, 그것이 하루하루의 실행을 바꾸고, 결국 커다란 결과로 이어진다. 이 책이 말하는 전략도 거기서부터 출발한다. 지금 하는 일에 방향을 더하고, 반복에 구조를 더하고, 결과에 흐름을 만드는 일. 그것이 바로 전략적으로 일하는 삶의 출발점이다.

2장

우리 주변에서 발견한 전략 이야기

동네 독립책방의 '금요일 밤 북클럽' 전략

작은 책방을 운영하는 일이란 생각보다 훨씬 복잡하고 도전적이다. 하루에도 수많은 대형 온라인 서점과 프랜차이즈 북카페가 경쟁 상대가 되고, 요즘 사람들은 책방보다는 스마트폰 앱에서 더 많은 시간을 보낸다. 그런 흐름 속에서 동네 책방이 꾸준히 문을 열고 있다는 건, 단순한 열정만으로는 설명되지 않는다. 성공하는 책방은 반드시 자신만의 전략을 갖고 있다. 서울의 어느 조용한 골목에 자리한 독립책방 '달빛문고'도 그런 곳이었다. 주말 낮 시간엔 유동 인구가 제법 있었지만, 평일 저녁이 되면 매장은 거의 비어 있었다. 처음엔 손님이 없을 땐 그냥 불을 줄이고 조용히 책 정리나 했지만, 어느 순간부터 사장은 이렇게 생각하기 시작했다. "이 시간을 그냥 흘려보내기보다는, 무언가 흐름을 만들어볼 수 없을까?" 그리고 그렇게 시작된 것이 바로 '금요일 밤 북클럽'이었다.

책을 파는 대신 책을 '함께 읽는 시간'을 판다

전략이란 '무엇을 팔 것인가'가 아니라 '어떤 경험을 제공할 것인가'를 다시 묻는 일이다. 대부분의 책방은 책을 판매하는 공간이지만, 달빛문고는 이 북클럽을 통해 책을 읽는 '경험 자체'를 상품으로 만들었다. 금요일 저녁 8시, 폐점 시간이 가까워지는 시점에 책방은 오히려 조용히 다시 문을 열고, 북클럽 참여자들을 위한 공간으로 바뀐다. 참가자는 많지 않다. 처음에는 고작 5~6명이었다. 하지만 그 시간에 조명을 조금 낮추고, 작은 차 한 잔과 함께 책을 나누는 경험은 독자들에게 특별한 감정을 심어주었고, 이 북클럽은 점점 입소문을 타기 시작했다. 책을 좋아하지만 읽을 시간을 내기 어렵고, 혼자 읽는 데서 오는 외로움을 느끼던 사람들이 하나둘 이곳을 찾게 되었다. 이 전략은 단순한 이벤트가 아니다. 책방이라는 공간의 가치를 다시 정의하고, 새로운 수요층을 확보하는 전략적 선택이었다.

매출이 아니라 관계를 남기는 전략

금요일 밤 북클럽은 처음부터 수익을 목적으로 시작된 것은 아니었다. 참가비는 거의 받지 않거나, 책값 정도만 충당할 수 있을 정도였다. 하지만 이 시간을 통해 책방은 단순한 '판매 공간'이 아니라 '문화적 연결 공간'으로 자리 잡기 시작했다. 북클럽 참여자들은 자연스럽게 책을 사고, 자주 들르게 되었고, 책방의 SNS에도 꾸준히 반응을 보이기 시작했다. 더 중요한 건 '충성 고객'이 생겼다는 점이다. 전략적인 사람은 단기 매출보다 장기적으로 남는 자산이 무엇인지를 먼저 생각한다. 그리고 이 책방의 사장은 고객과의 '정서적 연결'을 자산으로 보는 시각을 갖고 있었다. 유사한 매출을 올리는 방식은 많지만, 독립책방이라는 정체성과 고객의 경험이 이어지는 구조를 만든다는 건 전략적 판단이 아니면 불가능하다. 관계를 쌓는 전략은 눈에 보이는 수치보다 더 깊은 지속력을 만들어낸다.

문제의 정의가 전략을 다르게 만든다

이 책방 역시 처음엔 '평일 저녁 매출이 없다'는 문제를 겪고 있었다. 대부분의 사업자는 이런 문제를 '어떻게 사람을 더 끌어모을까' 또는 '어떻게 판촉을 할까'라는 식으로 접근한다. 그런데 이 사장은 문제의 정의 자체를 바꾸었다. "매출이 낮다"는 문제가 아니라 "이 시간에 책방이 어떤 가치를 줄 수 있을까"라는 관점에서 문제를 다시 보았다. 그래서 나온 해결책이 '사람을 모으는 이벤트'가 아니라 '고요한 독서의 경험'이라는 방식이었다. 문제를 보는 시선이 전략을 완전히 바꾸는 순간이었다. 전략적인 사람은 문제 해결에만 몰두하지 않는다. 그보다는 문제를 어떻게 바라보느냐, 무엇을 문제로 설정하느냐를 먼저 고민한다. 같은 상황도 다른 전략을 만들 수 있는 이유는 바로 이 지점에 있다.

무엇을 하지 않을지를 먼저 정했다는 점에서 전략은 명확해진다

북클럽을 운영하는 동안 여러 가지 제안이 들어왔다. 작가 초청 북토크를 해보자, 북클럽을 유료 멤버십으로 바꾸자, 책방을 카페처럼 꾸며보자 등등. 하지만 사장은 대부분의 제안을 거절했다. 책방이라는 공간의 성격이 변질되면, 지금까지 쌓아온 분위기와 참여자들의 신뢰가 무너질 수 있다는 판단이 있었기 때문이다. 전략은 때로는 무엇을 하지 않을지를 정하는 일에서 시작된다. 선택보다 더 중요한 것은 '제외'다. 달빛문고의 사장은 '북클럽은 조용하고 느린 속도의 공간'이라는 기준을 세운 뒤 그 원칙에서 벗어나지 않았다. 이처럼 전략적인 사람은 기회를 따라 움직이기보다 방향을 고수하는 데 집중하며, 오히려 그 일관성에서 신뢰와 영향력을 얻는다.

작은 실험이 전략의 감각을 길러준다

북클럽의 성공은 처음부터 기획된 완벽한 계획이 아니었다. 매주 북클럽을 운영하며, 참여자의 반응을 기록하고, 어떤 책에 반응이 좋은지, 어떤 시간대가 더 집중이 잘 되는지를 파악하면서 조금씩 형식과 운영 방식을 바꾸어갔다. 전략은 일회성 결단이 아니라 반복 속에서 정리되고 다듬어지는 것이다. 책방 사장은 매달 마지막 금요일에는 조금 더 깊이 있는 책을 선정했고, 여름에는 시집을, 겨울에는 에세이를 중심으로 구성해 계절감도 반영했다. 전략적으로 일한다는 건 완벽한 계획을 세우는 것이 아니라, 작게 실험하고 빠르게 피드백을 받아 조정해 나가는 태도에 가깝다. 그 과정에서 쌓인 감각은 다음 기획에 반영되고, 실패의 가능성은 줄어들며, 고객과의 연결은 점점 깊어진다.

동네 독립책방의 '금요일 밤 북클럽' 전략은 단순한 마케팅 수단이 아니다. 그것은 공간의 의미를 새롭게 정의하고, 새로운 고객 경험을 설계하며, 매출 그 이상의 가치를 만들어내는 실천이었다. 그리고 이 전략은 특별한 배경이나 자본 없이도 오직 관찰, 선택, 실행을 통해 가능했다. 전략은 결국 생각의 깊이에서 시작되고, 행동의 구조에서 완성된다. 지금 내가 하는 일이 어떤 흐름을 만들고 있는지를 묻는 순간, 누구나 전략가가 될 수 있다.

학원 강사의 '최상위 반 만들기' 전략

누군가는 같은 과목을 수년째 가르치고 있지만 늘 반응이 평범하고, 누군가는 몇 달 만에 학생과 학부모 사이에서 '그 선생님 수업은 다르다'는 말을 듣게 된다. 강의 내용은 비슷하고 커리큘럼도 다르지 않은데, 왜 이런 차이가 날까? 그 비결은 단순히 강의력이 아니라 전략에서 나온다. 실제로 많은 강사들은 '어떻게 설명할까'를 고민하지만, 전략적인 강사는 '누구에게 어떤 방식으로 내 수업을 설계할까'를 먼저 생각한다. 그리고 그 사고는 구체적인 반 편성, 수업 운영 방식, 홍보 전략까지 연결된다. 서울의 한 중형 학원에서 이 전략을 가장 잘 보여준 인물이 있었다. 그는 고등 수학을 담당하던 평범한 강사였지만, 단 1년 만에 학원 내 '최상위 반'을 만들고, 학원 성과의 절반 이상을 책임지는 강사가 되었다. 그는 단순히 수업을 잘하려는 데 그치지 않고, 어떤 학생을 대상으로 어떤 흐름의 수업이 효과적인지를 분석했다.

타깃을 좁히고 고객을 정의하는 것에서 전략이 시작된다

이 강사는 처음부터 모든 학생을 대상으로 하지 않았다. "공부를 잘하고 싶은 학생이 아니라, 이미 잘하는데 그걸 한 단계 더 끌어올리고 싶은 학생에게 맞추자"고 전략을 정했다. 많은 강사들이 수업 대상을 정할 때, 성적이 다양한 학생들을 한 반에 편성한다. 하지만 그는 '상위 10% 학생만을 위한 맞춤 반'을 따로 편성했고, 수업도 전혀 다르게 구성했다. 기본 개념은 빠르게 넘어가고, 심화 문제와 논리적 사고 훈련, 사고 과정 설명 위주로 내용을 채웠다. 이 전략은 처음엔 학생 수가 적어 수익도 낮았지만, 상위권 학생들이 입소문을 내기 시작하면서 흐름이 바뀌었다. 전략적인 사람은 고객을 더 넓게 보는 대신, 더 정확하게 정의하고 그 대상에게 깊이 맞춘다. 이 강사 역시 '누구를 위한 수업인가'를 먼저 정하고 난 뒤, 모든 선택이 일관되게 그 흐름을 따라갔다.

가시적인 결과를 '빠르게' 보여줘야 한다는 현실을 전략에 담다

학원에서 살아남는 것은 곧 수치를 입증해야 한다는 뜻이다. 이 강사는 단기간에 결과를 보여주기 위한 전략도 함께 준비했다. 상위권 학생은 기본기가 잘 잡혀 있기 때문에 문제 풀이의 정교함이나 사고의 유연성 같은 '작은 디테일'에서 점수 차가 나기 시작한다. 그는 한 달 내로 성적이 변화하는 구조를 만들기 위해, 주간 테스트 → 해설 강의 → 개별 피드백 → 오답 리포트라는 과정을 체계화했다. 특히 오답 리포트는 학생 스스로가 자신의 약점을 정리하도록 유도하는 방식이었고, 이 훈련이 학생들에게 '내가 달라지고 있다'는 실감 있는 경험을 제공했다. 전략은 결국 **성과를 만드는 구조**를 설계하는 일이며, 이 강사는 그 구조를 수업 안에 미리 심어두었다. 성과는 운이 아니라 구조의 결과라는 걸 보여준 셈이다.

고객이 느끼는 '차이'를 만들어야 전략이 된다

많은 강의는 학습 내용과 구성에서 비슷한 인상을 준다. 전략이 없는 강사는 기존 내용을 더 많이, 더 빠르게 전달하는 데 그치지만, 전략이 있는 강사는 '학생이 이 수업에서 뭘 다르게 느낄까'를 끊임없이 고민한다. 이 강사는 수업 중간에 짧게 '논리 브리핑' 시간을 넣었다. 문제 풀이를 단순히 암기하지 않고, 왜 이 공식이 이렇게 쓰였는지, 이 문제를 왜 지금 푸는지, 사고 순서를 명확히 보여주는 것이다. 이 구성은 처음엔 낯설었지만, 학생들에게는 단순히 문제를 푸는 수업이 아니라 '문제를 생각하게 하는 수업'으로 다가왔고, 학부모 상담에서도 '아이 스스로 설명이 늘었다'는 피드백으로 이어졌다. 전략은 콘텐츠가 아니라, 고객이 느끼는 경험의 차이를 설계하는 일이다.

강사는 브랜드가 되어야 한다는 관점을 반영한 전략

시간이 흐르며 학원에서 이 강사는 단지 '성적을 올려주는 강사'가 아니라 '최상위권의 사고를 만들어주는 사람'으로 포지셔닝되기 시작했다. SNS와 블로그 운영도 단순한 홍보가 아니라, '상위권 공부법', '논리적으로 글을 쓰는 법' 같은 주제로 연결되었고, 그는 하나의 브랜드가 되었다. 전략적으로 일하는 사람은 단순히 기능적인 역할에 머무르지 않는다. 그들은 자신의 일을 하나의 브랜드처럼 만들고, 시장 안에서의 포지션을 명확히 하는 감각을 갖고 있다. 그는 학원 안에서뿐만 아니라, 외부 설명회나 교사 모임에서도 '상위권 설계 전문가'로 불리며, 자신의 수업을 책으로 엮는 출판 기회도 얻게 되었다. 전략이 없는 사람은 '일을 하는 사람'으로 남지만, 전략을 가진 사람은 '이름을 가진 사람'이 된다.

전략은 정답이 아니라, 방향을 명확히 하는 것이다

이 강사의 전략이 모든 강사에게 맞는 건 아니다. 하지만 핵심은 **'자신이 무엇을 하지 않을 것인가**'를 명확히 정했다는 점이다. 그는 중하위권 수업은 맡지 않았고, 단기 성과를 위한 단순 암기법도 강조하지 않았다. 그는 '깊이 있는 사고력', '자기 설명력'이라는 전략적 가치를 중심으로 반을 설계했고, 그 선택이 결국 브랜드를 만들었다. 전략이란 정답을 고르는 것이 아니라, 방향을 설정하고 일관되게 밀고 나가는 힘이다. 그리고 성공하는 사람은 반드시 그 흐름을 만든다.

학원 강사의 '최상위 반 만들기' 전략은 단순한 수업 구성의 변화가 아니라, 타깃 설정, 결과 설계, 차별화된 경험 설계, 브랜드 포지셔닝까지 아우르는 복합적인 전략적 실행의 결과다. 그리고 이 모든 흐름은 그가 '내 수업은 누구를 위한 것인가?'라는 질문에서 출발했기 때문에 가능했다. 전략은 결국 질문의 방식이고, 선택의 뼈대이며, 반복의 구조다. 누구든 자신의 일에 이 감각을 적용하면, 일의 결과는 달라질 수 있다.

마을 빵집의 생존 비밀

누구나 한 번쯤 동네 골목 어귀에 자리 잡은 작은 빵집을 본 적이 있을 것이다. 커다란 프랜차이즈 제과점 옆에서 작고 단출한 공간으로 운영되는 이 마을 빵집이 어떻게 수년간 자리를 지킬 수 있었을까? 특히 할인 경쟁도 하지 않고, SNS 마케팅도 거의 하지 않는데도 꾸준히 단골이 있다는 건 단순한 맛이나 운으로 설명되지 않는다. 이 빵집에는 명확한 전략이 숨어 있었다. 겉으로는 평범하지만, 내부엔 치밀한 고객 분석과 공간 운영 방식, 제품 구성, 시간 배치 전략까지 작동하고 있었던 것이다. 그리고 그 전략은 거창한 계획에서 나온 것이 아니라, 반복되는 관찰과 선택, 정리에 가까웠다. 이 마을 빵집의 생존 비밀은 바로 전략의 감각에서 시작된다. 이 빵집은 화려한 홍보보다 '한 번 온 사람은 꼭 다시 오게 만드는' 경험에 집중했다. 전략은 꼭 큰 회사에서 세우는 게 아니라, 작고 조용한 공간 안에서도 깊이 있게 작동할 수 있다는 걸 보여준다.

모두를 만족시키기보다, 한 사람에게 집중하기로 했다

이 빵집의 주인은 오픈 초기에 온갖 종류의 빵을 다 구웠다. 식빵, 크루아상, 머핀, 케이크, 샌드위치까지 메뉴판이 넘쳐났다. 하지만 문제는 재고 관리가 어려웠고, 손님의 반응도 모호했다는 점이다. 그러던 어느 날 그는 패턴을 발견했다. 매일 같은 시간에 와서 '호밀빵만 사가는 손님', '유기농 재료만 찾는 손님', '아이 간식용으로 작은 크기의 단팥빵을 고르는 부모'가 일정하게 반복되고 있었다. 그는 여기서 방향을 정했다. 모두를 만족시키는 대신, 이 빵집만 찾는 이유가 되는 몇 가지 빵에 집중하자고. 그 이후 메뉴는 절반 이하로 줄었고, 6가지 대표 제품을 중심으로 구성되었다. 이 선택은 단순한 효율이 아니라 전략적 의사결정이었다. 고객의 반복 패턴을 분석하고, 가장 충성도 높은 고객의 니즈에 맞게 집중한 것이다. 전략이란 넓히는 게 아니라 좁히는 것이다. 이 빵집은 모두를 대상으로 하지 않겠다는 결정으로 살아남을 수 있었다.

'어디서 파는가'보다 '어떻게 기억되는가'를 선택했다

이 빵집은 길가에서 잘 보이지 않는 위치에 있다. 인근에 대형 마트도 있고, 유명 프랜차이즈 제과점도 버티고 있다. 그러나 그는 입지에서 승부하기보다, 기억에서 승부하기로 했다. 고객이 이 빵집을 어떻게 떠올리게 만들 것인가에 집중한 것이다. 그래서 이 집은 제품 하나하나에 이야기를 붙였다. 예를 들어 '빨간콩 통팥빵'은 매장에서 직접 삶은 통팥만을 사용하고, 간판 대신 유리창에 붉은콩 그림을 붙여 눈에 띄게 했다. 또 '아침 준비된 식빵'이라는 콘셉트로 오전 7시마다 구운 따뜻한 식빵을 인스타그램에만 알리며, 단골에게만 예약받는 방식을 운영했다. 이처럼 기억될 수 있는 무언가를 만들어내는 건 전략의 핵심이다. 입지가 약하다면 인상을 강화해야 하고, 가격 경쟁을 피하고 싶다면 경험을 설계해야 한다. 이 빵집은 자신의 한계를 감추기보다, 전략적으로 전환하는 선택을 했다.

제품보다 '시간'을 먼저 설계했다

대부분의 자영업자는 무엇을 팔지를 먼저 정하고, 언제 만들지는 그다음 문제로 생각한다. 하지만 이 빵집은 반대였다. 그는 아예 하루의 시간을 제품처럼 설계했다. 오전 6시에 첫 반죽을 시작해 7시에는 식빵만, 9시에는 단팥빵과 크림빵만, 오후 2시에는 구움 과자류가 나오는 식으로 시간마다 다른 제품이 구워졌다. 그리고 그 시간표는 벽에 붙어 있고, 단골 고객들은 자신이 원하는 빵이 언제 나오는지를 안다. 이 방식은 제품이 아닌 '시간'을 매출로 만드는 전략이었다. 한 번에 다 굽지 않기 때문에 재고는 줄었고, 고객은 자신이 원하는 시간에 맞춰 방문했다. 더 나아가 고객 스스로가 시간을 맞춰 빵집을 찾게 되니 충성도도 높아졌다. 전략적인 사람은 제품을 먼저 생각하는 대신, 시간과 흐름을 고객 경험의 중심으로 만든다.

경쟁을 피하기 위한 차별이 아닌, 구조로 만든 차별화

이 빵집은 '100% 유기농 밀가루', '첨가물 무첨가', '버터 대신 올리

브오일 사용' 등 건강을 중심으로 한 재료를 쓰기로 했다. 그러나 단지 마케팅 문구로 끝난 게 아니라, 실제 구조를 그렇게 바꾸었다. 전기 오븐을 사용하고, 냉장 발효 시간을 늘려 인공 발효제를 쓰지 않으며, 하루 판매량 이상은 생산하지 않는 구조를 설계한 것이다. 이렇게 되자 자연스럽게 '많이 팔 수 없는 빵'이 되었고, 손님 입장에선 '빨리 가지 않으면 못 사는 빵집'으로 인식되기 시작했다. 차별화란 단순히 **'다르게 보이기 위한 장치'**가 아니라, 그 다름이 실제로 작동하는 구조에서 만들어질 때 전략이 된다. 이 빵집은 건강이라는 가치를 선언하는 데 그치지 않고, 매일의 운영 방식 전체를 그 가치에 맞게 조정했다.

전략은 결국 주인의 시선과 반복에서 나온다

이 빵집은 특별한 마케팅팀도, 전문 기획자도 없이 운영된다. 하지만 매일 아침 주인은 '오늘 빵을 기다릴 사람이 누구일까', '오늘 재료는 어떻게 준비됐는가', '이번 주 가장 반응 좋았던 빵은 뭐였는가'를 스스로 점검하며 다음 날의 준비를 한다. 이런 질문과 관찰은 거창한 데이터 분석 없이도 충분히 유효하다. 어떤 빵이 팔렸는지만 보는 것이 아니라, 어떤 손님이 와서 어떤 표정으로 무엇을 골랐는지를 기억하는 것, 그게 바로 이 빵집의 전략을 가능하게 한 관찰력이었다. 반복 속에서 작은 변화를 감지하고, 그 변화를 다시 하나의 흐름으로 정리하는 과정은 전략의 감각을 날마다 훈련하는 일과도 같다. 이런 전략은 화려하지 않지만, 흔들리지 않고 꾸준하다.

마을 빵집은 누군가에겐 작고 소박한 공간일지 모르지만, 그 안에는 시장의 흐름을 읽는 눈, 손님의 니즈를 해석하는 귀, 한계를 이점으로 바꾸는 손끝의 감각이 모두 담겨 있다. 이런 전략은 단지 사업의 생존을 넘어서, 공간의 정체성과 브랜드의 존재감을 만드는 데까지 이어진다. 전략은 멀리 있는 거창한 계획이 아니라, 오늘을 더 잘 준비하고, 내일을 위한 방향을 정하는 일이다. 이 빵집은 그걸 매일 아침 오븐 앞에서 스스로 증명하고 있었다.

인스타그램 마케팅으로 뜬 청바지 쇼핑몰

요즘 온라인 쇼핑몰은 하루에도 수십 개씩 생기고, 또 수없이 사라진다. 특히 패션 분야는 브랜드 인지도와 자본, 마케팅 비용이 없으면 살아남기 어려운 경쟁 시장이다. 그런데 몇 해 전, 아무런 광고비 없이 단 한 명의 운영자와 스마트폰만으로 시작된 청바지 전문 쇼핑몰이 있었다. 별다른 브랜드도 없이 SNS에서 빠르게 팔로워를 모으고, 실제 매출까지 연결시키며 성공한 이 사례는 **'전략이란 감각이 아니라 구조'**라는 걸 보여준다. 이 쇼핑몰의 주인장은 패션 전공도, 유통업 경험도 없었다. 하지만 그에겐 고객을 보는 눈, 흐름을 만들어내는 전략적 사고, 반복을 통한 구조화라는 세 가지 무기가 있었다. 청바지 하나로 승부를 건 그의 전략은 단순한 마케팅이 아닌, '전략적 연결의 예술'에 가까웠다. 그는 매번 새 제품을 올리는 대신, 기존 고객의 피드백을 반영해 상품 소개 문구와 착용 사진을 지속적으로 업데이트했다.

고객이 보는 순간 사고 싶게 만든 구조

청바지는 누구나 한두 벌쯤은 갖고 있지만, 막상 온라인에서 사기엔 부담스러운 아이템이다. 핏이 중요하고, 사이즈 실패가 많으며, 사진만으로는 질감을 판단하기 어렵기 때문이다. 그래서 대부분의 쇼핑몰은 청바지를 메인 아이템으로 삼기보다는 보조 상품처럼 다룬다. 하지만 이 쇼핑몰은 오히려 그 점을 기회로 삼았다. 주인장은 고객이 가장 망설이는 지점을 중심으로 콘텐츠를 기획했다.

'엉덩이 실루엣을 살려주는 뒷포켓 간격', '허벅지 라인을 탄탄하게 잡아주는 원단 텐션', '하이웨이스트로 다리가 길어 보이는 각도' 등 고객이 평소 말로 표현하지 못하던 디테일을 정확히 짚어 콘텐츠로 만들었다. 피팅 영상은 같은 바지를 다양한 체형의 모델이 입은 모습으로 올렸고, 모든 제품 페이지에는 고객 리뷰와 사진이 함께 걸려 있었다. 이 방식은 단순히 정보를 제공하는 게 아니라, 고객의 불안을 사전에 해결하는 전략이었다. 사고 싶은 욕구가 아니라, '망설임을 없애는 설계'가 이 전략의 핵심이었다.

모두를 노리지 않고, 단 하나의 이미지로 기억되다

수많은 쇼핑몰이 다양한 스타일과 제품군을 보여주며 '모두에게 어필'하려 할 때, 이 쇼핑몰은 철저히 한 가지 콘셉트에 집중했다. 바로 '청바지를 입었을 때 가장 예뻐 보이는 일상 룩'이다. 모델은 늘 한두 명으로 고정했고, 배경은 심플한 회색 벽, 흰 운동화, 검은 탑에 청바지를 매치하는 포맷이 반복됐다.

누군가는 다양성이 없다고 말할 수 있지만, 전략은 늘 선택과 포기의 결과다. 이 쇼핑몰은 '기억에 남는 청바지 쇼핑몰'이라는 포지셔닝을 철저히 설계했고, 그것이 차별화의 시작이 되었다. 피드를 내리다 보면 비슷한 색감과 구도가 계속 이어지기 때문에 소비자는 무의식적으로 '이 스타일 = 이 쇼핑몰'이라는 인식을 갖게 되었고, 그것이 곧 브랜드 인지도와 연결되었다. 전략은 강렬한 메시지가 아니라, 반복되는 인상을 설계하는 기술이기도 하다.

피드백과 실험을 콘텐츠화하는 능력

이 쇼핑몰의 인스타그램은 단순한 제품 홍보 채널이 아니었다. 팔로워들의 반응, 댓글, 문의를 그대로 콘텐츠로 전환했다. 예를 들어 "이거 허리 27인데 힙이 좀 크면 어떡하죠?"라는 댓글이 달리면, 그 다음날 바로 '힙이 큰 체형을 위한 바지 선택 가이드'라는 제목으로 릴스 영상이 올라왔다.

고객의 질문을 콘텐츠화하는 이 방식은 광고보다 훨씬 신뢰를 주었고, 무엇보다 '내 이야기를 듣는 곳'이라는 느낌을 줬다. 또한 매주 한 번 '피드백 기반 리뉴얼 설문'을 받아, 기존 제품의 불편함을 개선하고 리뉴얼 버전을 내놓는 구조도 만들었다. 이렇게 소비자가 변화를 주도하게 만들면서도, 방향은 운영자가 제시하는 구조는 전략이 단순히 '파는 것'이 아니라, '관계를 설계하는 일'임을 보여준다.

소비자를 고객에서 팬으로 만드는 감각

팔로워 수가 늘면서 이 쇼핑몰의 가장 큰 자산은 상품이 아니라 팬층이 되었다. 제품이 새로 나올 때마다 댓글이 수십 개씩 달렸고, '이건 제가 기다리던 핏이에요', '이번엔 꼭 제 사이즈가 있길!' 같은 반응이 먼저 올라왔다. 제품에 대한 애정은 결국 커뮤니티를 만들었고, 일부 고객은 자신의 SNS에 '이 바지는 여기가 원탑'이라며 리뷰를 자발적으로 올렸다. 운영자는 이 고객들과 메시지를 주고받고, 가끔 제품 촬영에 실제 고객을 모델로 섭외하기도 했다. 브랜드는 상품을 파는 데서 끝나지 않고, 팬을 만든 순간 살아남는다. 이 쇼핑몰은 광고보다 고객과의 관계 유지 전략에 더 많은 시간을 썼고, 그 결과 다시 돌아오는 구매율이 높아졌고, 제품이 나오기 전부터 '선주문 예약'이 가능한 구조로 진화했다.

전략은 감각이 아니라, 반복 가능한 시스템이다

이 성공은 감각이 좋았던 한 사람의 재능만으로 이뤄진 게 아니었다. 실제로 주인장은 늘 같은 시간에 콘텐츠를 올렸고, 반응을 엑셀로 정리하고, 주문 데이터에 따라 다음 생산량을 조정했으며, 매달 한 번씩 '이번 달 가장 반응 좋았던 포인트'를 피드백 회의 자료로 만들어 스스로 점검했다. 전략이란 단지 한 번의 통찰이 아니라, 작은 관찰과 빠른 조정, 그리고 반복 가능한 시스템을 구축하는 힘이다. 이 쇼핑몰은 청바지를 파는 동시에 자신만의 전략 언어를 쌓아갔고, 결국 '팔리는 구조'를 스스로 만들어낸 셈이다.

청바지 하나로 수많은 경쟁 속에서 살아남은 이 인스타그램 쇼핑몰은, 전략이 곧 경쟁력이라는 사실을 명확히 보여준다. 무엇을 파느냐보다 누구에게, 어떻게, 어떤 흐름으로 파느냐를 고민하고 실험하고 개선한 결과, 브랜드 없이도 시장 안에서 자리 잡을 수 있었던 것이다. 전략은 이제 선택이 아니라 필수다. 단 하나의 아이템이라도, 제대로 된 전략이 있다면 살아남을 수 있다. 그리고 그 시작은 고객의 머릿속에 무엇을 남길지를 질문하는 것에서부터다.

05

온라인 서점의 책 추천 알고리즘

책을 사기 위해 오프라인 서점을 찾는 사람보다, 모바일 앱이나 웹사이트에서 책을 고르는 사람이 훨씬 많은 시대다. 이제 독자들은 서점의 서가 앞에서 고민하기보다, 화면에 뜬 책 추천 목록을 스크롤하며 결정한다. 그 추천은 어떻게 정해지는 걸까? 단순히 베스트셀러를 보여주는 걸까? 아니다. 요즘의 온라인 서점은 단순한 유통 플랫폼이 아니라, 고객 데이터와 행동 흐름을 기반으로 정교한 전략을 운영하는 추천 알고리즘 시스템을 갖추고 있다. 이 시스템은 그저 '알아서 골라주는 도구'가 아니다. 고객의 관심, 소비 패턴, 망설임의 순간을 분석해 구매 결정이라는 행동을 이끌어내는 전략적 설계다. 단순한 기술이 아니라, 디지털 환경에서 고객을 이해하고 설득하는 전략이 작동하고 있는 것이다. 이 알고리즘은 '비슷한 고객이 선택한 책', '최근 관심을 보인 주제', '구매 직전까지 봤던 목록' 등을 분석해 맞춤형 추천을 제시한다.

'무엇을 보여줄 것인가'가 아니라 '무엇을 먼저 보여줄 것인가'의 전략

모든 고객에게 똑같은 책을 추천하면 전환율은 낮다. 성공적인 알고리즘은 추천 목록의 순서를 통해 고객의 '시선 이동'을 유도한다. 예를 들어 A 고객은 최근 '자기계발서'를 검색하고, 해당 카테고리 내 책을 3권 이상 장바구니에 담았다가 구매하지 않은 상태다. 이런 고객에게는 단순히 신간을 보여주지 않고, '비슷한 사람들이 많이 본 책', '이 책을 본 사람이 실제로 구입한 책'이라는 맥락으로 큐레이션이 이뤄진다. 심지어 추천 순서도 A 고객의 평균 체류 시간, 클릭 패턴, 과거 구매 시간대에 따라 유동적으로 조정된다. 이 모든 과정은 단순히 책을 나열하는 게 아니라, 고객의 심리적 여정을 따라 흐름을 설계하는 전략이다. 무엇을 보여줄지가 아니라, 어떤 순서로 보여줄지가 전략의 본질이라는 걸 온라인 서점은 잘 알고 있다.

결정 장애를 줄이는 '선택 설계' 전략

책을 고르다 보면 사람들은 많은 고민에 빠진다. 이 책이 나에게 맞을까? 지금 사야 할까? 후회하지 않을까? 이런 망설임은 결국 구매 포기로 이어진다. 온라인 서점은 이 점을 파고들었다. 대표적인 전략은 'Top 3 추천', '리뷰 평점 순', '전문가 추천' 같은 포맷이다. 선택지를 줄이는 이 구조는 단순히 보기 편하라고 만든 것이 아니다. 고객의 결정 피로를 줄이고, 심리적 장벽을 낮추기 위한 명확한 전략 설계다. 예를 들어, 같은 자기계발서 카테고리 안에서도 '월간 추천 Top 3'가 가장 상단에 뜨게 되면, 대부분의 고객은 그 세 권 중 하나를 클릭하고, 그중 한 권을 구매로 연결하게 된다. 이처럼 전략적으로 '선택의 폭을 제한하는 설계'는 고객을 조급하게 만들지 않고, 자연스럽게 구매 흐름에 올라타게 만든다.

읽고 싶은 마음을 '계속 유지시켜주는' 설계

서점에서 책을 사는 건 끝이지만, 온라인에서는 그 이후가 더 중요하다. 책을 다 읽지도 않았는데 또 새로운 책이 추천된다면 고객은 피로감을 느낄 수 있다. 반대로 독서의 흐름에 맞춰 '다음에 읽을 책'을 추천하면, 독자는 스스로 이어지는 독서 루틴을 만들게 된다. 이를 위해 온라인 서점은 고객의 독서 속도, 구매 간격, 리뷰 작성 여부 등을 바탕으로 타이밍을 조정한 마케팅을 한다. 예를 들어, 한 고객이 한 달에 한 권 정도를 읽는 리듬이라면, 구매 3주 후에 '비슷한 톤의 에세이 3권'을 추천하고, '지금 10% 할인 중'이라는 문구를 넣는다. 이처럼 독서 리듬에 맞춘 알림 전략은 고객에게 불필요한 부담 없이 다음 구매를 유도하는 정교한 흐름 설계다. 구매 이후까지 전략을 확장한 셈이다.

기계적이지만, 인격적인 경험처럼 느껴지게 만든다

알고리즘은 데이터로 작동한다. 그러나 고객이 느끼는 건 숫자가 아니라 감정이다. 그래서 온라인 서점은 추천 시스템을 인격적인 경험처럼 느끼도록 설계한다. 예를 들어 '당신을 위한 맞춤 큐레이션'이라는 표현을 쓰거나, 고객의 구매 이력을 바탕으로 '작년에 읽은 책을 기억하고 있다'는 방식으로 추천 메시지를 구성한다. 이 감성적인 접근은, 실제로는 복잡한 데이터를 바탕으로 한 계산 결과지만, 고객에게는 '내가 읽을 만한 책을 진짜로 생각해줬다'는 느낌을 준다. 이런 감정 설계는 브랜드에 대한 신뢰를 쌓고, 반복 구매를 자연스럽게 만든다. 전략은 데이터를 분석하는 데서 끝나는 것이 아니라, 그 데이터를 고객의 감정선 위에 올리는 데까지 확장되어야 한다는 사실을 보여주는 대목이다.

추천은 기술이 아니라 '결과 설계'라는 전략의 산물

많은 사람들이 온라인 서점의 추천 알고리즘을 기술적 도구라고 생각하지만, 실제로는 매우 정교한 전략의 결과물이다. 어떤 책을, 어떤 순서로, 어떤 시점에, 어떤 표현으로, 누구에게 보여줄지를 결정하는 일련의 흐름은 단순한 기술이 아니라 고객의 행동을 변화시키기 위한 전략적 설계다. 추천 시스템은 단지 데이터를 읽는 것이 아니라, 데이터를 기반으로 행동을 이끌어내는 스토리를 짜는 것이다. 그 안에는 선택 설계, 감정 유도, 타이밍 분석, 피드백 회수라는 다양한 전략 요소가 뒤섞여 있고, 그 모든 조각이 합쳐져 '한 권의 책을 사게 만드는 경험'을 완성한다.

온라인 서점의 책 추천 알고리즘은 단지 편리함의 기술이 아니라, 심리와 흐름, 망설임과 욕구 사이를 조율하는 전략의 결정체다. 고객이 자기도 모르게 '끌려가듯 선택하게 만드는 구조'는 한 번의 클릭을 이끄는 데서 끝나지 않는다. 그것은 브랜드와의 관계, 독서 경험의 연속성, 나만을 위한 제안이라는 감정까지 포함된 경험의 완성이다. 추천은 기술이 아니라, 관계를 만들어가는 설계라는 점에서, 이 전략은 디지털 시대에 가장 정교한 '무형의 전략 자산'이라 할 수 있다.

06

중고나라에서 거래 잘하는 비결

중고 거래는 단순한 개인 간의 물물교환처럼 보이지만, 사실 그 안에는 복잡한 심리와 전략이 숨어 있다. 특히 '중고나라' 같은 플랫폼에서는 누가 더 빠르게, 신뢰를 얻고, 가격 협상에서 유리하게 이끌어내느냐에 따라 성사 여부가 갈린다. 그런데 놀랍게도, 이 플랫폼에서 언제나 거래를 빠르고 깔끔하게 마무리하는 사람들이 있다. 그들은 눈에 띄는 광고를 하지 않지만, 문의가 먼저 오고, 흥정이 거의 없으며, 심지어 이전 구매자들이 '믿고 사는 사람'이라고 리뷰를 남긴다. 그 비결은 감각이 아니라 철저한 전략에서 나온다. 개인이지만 브랜드처럼 행동하는 이들의 거래 방식은 하나의 비즈니스처럼 설계된 구조를 따른다. 그들은 상품 사진을 찍을 때도 조명, 배경, 구도까지 신경 쓰고, 설명 글에는 예상 질문에 대한 답을 미리 넣어둔다. 시간 약속, 포장 상태, 응답 속도까지 철저히 관리하며, 신뢰를 기반으로 한 전략적 관계 형성을 반복한다.

상품보다 먼저 '신뢰'를 만든다

중고 거래는 기본적으로 '이 사람이 믿을 만한가?'라는 질문에서 출발한다. 사진이 아무리 좋아도, 가격이 아무리 싸도, 상대방에 대한 의심이 생기면 거래는 멈춘다. 그래서 잘하는 사람은 제품 소개보다 먼저 신뢰를 구축하는 전략을 쓴다. 프로필에 과거 거래 내역을 정리해두고, 연락 가능한 시간과 응대 방식, 제품 구매 시기와 상태를 상세하게 명시한다. 심지어 '직거래만 합니다', '택배 시 영상 촬영합니다'처럼 투명함을 강조하는 문장을 반복적으로 사용해 낯선 사람에게도 '이 사람은 체계적이고 신뢰 가능하다'는 인상을 준다. 신뢰는 말로 설명해서 생기지 않는다. 반복되는 일관성과 투명한 정보 제공이 쌓여서 만들어진다. 전략은 결국 보이지 않는 불안을 줄이는 설계다.

상품 설명에 스토리를 입힌다

단순히 '에어프라이어 팝니다. 2만 원'이라고 올린 글과, '자취 첫해에 요긴하게 썼던 제품입니다. 주 1~2회 정도만 사용했고, 청소 깔끔하게 해뒀습니다. 사정상 급히 정리합니다'라는 설명은 다르게 읽힌다. 잘 파는 사람은 물건에 간단한 스토리를 입힌다. 그 스토리는 고객에게 '왜 이 가격이 정당한가', '왜 지금 이 물건을 사는 게 좋은가'를 자연스럽게 설득한다. 심지어 어떤 판매자는 제품 상태와 함께 '이 제품 덕분에 냉동식품 안 먹게 됐어요'라는 문장을 써서 실사용 경험을 강조한다. 전략적인 설명은 정보 전달이 아니라 감정적 연결을 만드는 설계다. 구매자는 '이 사람이 직접 쓰던 제품이라면 괜찮을 것 같다'는 느낌을 받는다. 감정이 거래에 개입하는 순간, 흥정은 줄어들고 신뢰는 상승한다.

시간과 장소까지 전략적으로 제시한다

거래 제안 메시지를 보내는 시간, 답변 속도, 만남 장소 제안까지 전략이 들어간다. 예를 들어 평일 오전보다 오후 5~8시 사이가 거래 성사율이 높다는 걸 아는 사람은 그 시간에 맞춰 제품을 등록한다. 또 거래 희망 지역도 '2호선 OO역 5번 출구 입구 직거래 가능'처럼 명확하게 쓰면, 상대는 '이 사람은 이미 준비가 잘 되어 있구나'라고 느끼게 된다. 여기에 '택배도 가능하고, 포장까지 직접 합니다'는 문장을 덧붙이면 신뢰도는 배가된다. 이런 문장 하나하나가 상대의 결정을 빠르게 만드는 요소다. 전략은 결국 사소해 보이는 선택들을 반복적으로 정리하는 일이다. 거래 성사율이 높은 사람은 우연히 그렇게 하는 게 아니라, 수많은 거래를 통해 데이터를 몸으로 체득한 사람이다.

사진 한 장에도 전략이 있다

물건을 잘 파는 사람들은 사진을 단지 '보여주는 수단'이 아니라, 판단을 유도하는 설계 요소로 본다. 어두운 배경, 주변이 지저분한 공간, 흔들린 사진은 의심을 키우고 가격에 영향을 준다. 반면 밝은 조명 아래, 배경은 정리되어 있고, 제품만 깔끔하게 클로즈업된 사진은 제품보다 판매자를 믿게 만든다. 어떤 사람은 A4 용지 위에 물건을 올려두고 '크기 비교용'이라며 찍기도 한다. 심지어 박스, 설명서, 충전기 등 구성품을 나란히 찍어두면 '빠진 게 없다'는 메시지를 시각적으로 주는 효과가 있다. 전략이란 이처럼 단어 하나, 사진 한 장에도 '믿게 만드는 설계'가 있다는 걸 아는 것이다.

한 번의 거래가 다음 거래를 부른다

중고 거래는 '한 번 팔고 끝'이 아니라, 신뢰가 축적되면 거래는 연속된다. 실제로 거래 후 상대가 '이분 믿고 구매했어요'라고 리뷰를 남기면, 다음 거래자는 더 빠르게 결정을 내린다. 어떤 사람은 거래 후 '감사합니다'라는 메시지와 함께 '혹시 다음 주쯤 책장도 판매할 예정인데, 관심 있으시면 알려드릴게요'라고 자연스럽게 연결한다. 이건 영업이 아니라 관계다. 그렇게 '자연스러운 팔로업'이 이루어지는 순간, 판매자는 더 이상 개인이 아니라 브랜드처럼 기능하기 시작한다. 중고나라에서 성공하는 사람들은 결국 반복되는 신뢰의 구조를 만든다. 전략은 사람을 설득하는 기술이 아니라, 신뢰를 설계하는 시스템이다.

중고나라에서 거래를 잘하는 사람들은 특별한 마케팅을 하지 않는다. 그들은 물건이 아니라 '판단할 근거'를 파는 사람들이다. 가격보다 중요한 건 신뢰고, 사진보다 먼저 전달되는 건 분위기이며, 정보보다 중요한 건 설계다. 그리고 이 모든 감각은 반복과 관찰, 정리 속에서 만들어진다. 전략은 크고 복잡한 도구가 아니라, 작은 행동 하나하나를 의도 있게 다듬어가는 습관이다. 중고거래라는 가장 일상적인 장면 안에서조차, 전략은 누군가를 돋보이게 만들고, 기회를 현실로 바꿔준다. 그 시작은 단지 한 번 더 '어떻게 보여줄까'를 고민하는 것이다.

카페 자리 배치로 매출 올리기

많은 자영업자들이 카페 매출을 올리기 위해 메뉴를 바꾸고, 할인 쿠폰을 발행하며, 광고에 투자한다. 하지만 가게 안의 '자리는 그대로'인 경우가 많다. 사실 매출에 영향을 주는 요소 중 가장 간과되기 쉬운 것이 바로 자리 배치다. 좌석의 위치, 테이블 간격, 조명의 각도, 사람들의 시선 흐름은 모두 고객의 체류 시간과 주문 수, 재방문율에 영향을 준다. 서울의 한 번화가에 있는 카페 역시 초반엔 주말 손님은 많은데도 매출이 생각보다 오르지 않아 고민이 깊었다. 회전율도 낮고, 1인 고객은 테이블이 없어서 돌아가고, 커플이나 가족 단위 손님은 자리가 불편해 오래 있지 않았다. 그때 사장이 눈을 돌린 곳은 메뉴판도 마케팅도 아닌, 가게 내부 구조와 자리 배치였다. 그 작은 변화가 이 카페의 매출을 완전히 바꿔놓았다. 공간을 다시 설계하자 고객의 움직임과 머무는 시간이 달라졌고, 자연스럽게 매출도 눈에 띄게 오르기 시작했다.

테이블을 바꾼 게 아니라, 흐름을 바꿨다

이 카페는 오픈 초기부터 4인용 테이블 위주로 구성돼 있었다. 좌석 수는 26석, 넓은 테이블은 보기엔 좋아도 실제론 공간 효율이 낮았다. 혼자 온 손님은 어색하게 4인용 테이블에 앉았고, 노트북이나 책을 펼치기도 불편했다. 사장은 손님의 체류 시간과 혼잡도를 직접 관찰하고 나서 결심했다. 큰 테이블을 줄이고 2인석, 벽면 1인 바 좌석, 창가 테이블을 늘렸다. 그리고 테이블 간 간격을 좁히는 대신, 벽을 활용한 개별 조명과 아늑한 구조로 시선을 분산시켰다. 이 변화 후 1인 손님의 체류 시간은 줄고 회전율은 올라갔으며, 소규모 대화 손님은 더 오래 머물게 되었다. 자리는 그대로 두고 메뉴만 바꾸는 건, 흐름을 무시한 전략 없는 구조다. 이 카페는 가구가 아니라 흐름을 다시 설계한 셈이다.

시간대별 '주력 자리'를 구분했다

자리 배치는 단순히 '앉을 곳'을 만드는 게 아니라 '언제 어디에 앉고 싶게 만들 것인가'를 설계하는 것이다. 이 카페는 아침, 점심, 저녁 시간대마다 주력 고객층이 다르다는 점을 파악했다. 아침에는 테이크아웃 고객과 혼자 오는 직장인이 많았고, 점심 시간엔 대화 중심의 2인 손님, 오후 3시 이후엔 공부하거나 노트북 작업을 하는 1인 손님이 많았다. 그래서 아침엔 입구 쪽 대기 공간을 넓히고, 빠르게 주문하고 앉을 수 있는 '창가 좌석'을 강조했다. 오후엔 조용한 구석 자리를 중심으로 책꽂이와 충전 포트를 배치해 '머물고 싶은 자리'로 전환했다. 이 전략은 단순히 '좋은 자리'를 만드는 게 아니라, 고객의 시간대별 욕구에 따라 공간의 의미를 바꾸는 전략적 자리 운영이었다.

메뉴보다 자리가 재방문을 결정짓는다

사람은 기억에 남는 공간에 다시 가고 싶어 한다. 이 카페는 자리의 편안함, 조명의 따뜻함, 테이블 위 작은 디테일에 집중했다. 예를 들어 창가 자리에 미니 화분을 놓고, 벽면 좌석엔 '오늘의 문장'을 손글씨로 적은 액자를 배치했다. 테이블 위에 콘센트를 노출시키지 않고 자연스럽게 감춰진 형태로 설치해, '방해받지 않는 공간'이라는 인식을 강화했다. 손님은 메뉴보다 공간에서 더 많은 감정을 경험하고, 그것이 '다시 오고 싶은 이유'가 된다. 전략적인 자리 배치는 단순히 체류 시간이나 회전율을 높이기 위한 게 아니라, 브랜드 이미지 자체를 구축하는 설계다. 메뉴가 좋아도 자리가 불편하면 머물고 싶지 않고, 자리가 좋으면 메뉴는 기억보다 배경으로 남는다.

한 테이블의 변화가 하루 매출을 바꾼다

이 카페는 자리 배치 후, 매출 분석을 해보며 흥미로운 결과를 발견했다. 단순히 좌석 수를 줄였지만, 회전율이 높아지면서 하루 매출은 오히려 늘었다. 특히 1인 좌석이 늘어난 후, 고객 수는 평균 1.4배 증가했고, 커피 외에 사이드 메뉴 주문 비율도 상승했다. 이는 고객이 '편안하게 앉아 있는 시간 동안 뭔가 더 주문하게 되는 행동 패턴'

과 관련이 있었다. 즉, 한 자리에서 오래 머물고 싶게 만들면, 음료 하나만 마시고 가는 손님도 디저트를 추가하거나, 다음 약속까지 시간을 보내며 추가 주문을 하게 된다는 것이다. 한 테이블이 단순한 공간이 아니라, 구매 행동을 유도하는 전략적 자산으로 바뀌는 순간, 매출 구조도 함께 바뀐다.

자리는 전략의 끝이 아니라 시작이다

많은 카페가 인테리어는 잘 하지만, 운영에 들어가면 '자리는 고정'이고 메뉴만 바뀐다. 하지만 잘 운영되는 카페는 자리를 수시로 점검하고, 계절과 시간에 따라 미세하게 배치나 분위기를 조정한다. 이 카페도 여름철에는 외부 테라스를 중심으로 한 '바람 통하는 자리'에 선풍기를 두고, 겨울엔 창가 쪽에 무릎 담요를 비치해 머무름을 유도했다. 이런 세심한 변화는 고객 입장에서는 '여기가 편하네'라는 단순한 인상으로 남지만, 실제론 매우 치밀한 전략의 결과다. 자리는 가게의 분위기와 방향, 브랜드 감도를 결정짓는 물리적 메시지다. 메뉴보다 앞서 손님과 만나고, 말보다 먼저 브랜드를 보여주는 것이 바로 공간이고, 그 중심이 바로 '자리'다.

카페 자리 배치 전략은 단순한 인테리어나 감성의 문제가 아니다.
그것은 고객의 흐름을 읽고, 시간과 감정을 설계하며, 공간 안에서 매출을 자연스럽게 끌어올리는 전략의 물리적 실행이다.
작은 테이블 하나의 위치가, 조명의 각도가, 테이블 간격 몇 센티미

터가 고객의 심리에 영향을 주고, 결국 손님의 수와 주문량, 머무는 시간까지 바꾼다.

전략은 **손님을 끌어들이는 일이 아니라, 머물게 만드는 일이다.** 그리고 그 시작은 자리를 다시 보는 데서부터 시작된다.

08

배달 앱 수수료 줄이기 전략

배달 시장은 빠르게 성장했지만, 그만큼 자영업자에게는 부담도 커졌다. 특히 배달 앱의 수수료 구조는 눈에 보이지 않지만 매출에 직접적인 영향을 준다. 등록 수수료, 광고비, 주문당 중개 수수료, 카드 수수료, 배달 대행비 등 조용히 새는 비용들이 쌓이면 실제 이익은 크게 줄어든다. 이런 현실 속에서, 서울 외곽에 위치한 한 치킨집 사장은 단순히 가격을 올리는 대신, 수수료 구조 자체를 분석하고 줄이는 전략을 실행해 나갔다. 메뉴도 바꾸지 않았고, 광고비도 늘리지 않았지만, 그 결과 매출 대비 이익률은 2배 가까이 늘었다. 이 사례는 작은 가게도 '전략적 구조 설계'를 통해 충분히 버틸 수 있고, 살아남을 수 있다는 것을 보여준다. 그는 플랫폼을 바꾸는 대신, 플랫폼 안에서의 운영 방식을 바꾸는 전략으로 경쟁력을 만들어냈다. 단골 고객을 앱 밖으로 유도하는 주문 방식, 정기 쿠폰 제공, 리뷰 유도 전략까지 함께 설계해 실질적인 이익을 확보해냈다.

수수료가 '왜' 나가는지를 먼저 분석했다

대부분의 자영업자는 수수료를 고정비로 생각한다. '그냥 원래 나가는 돈'처럼 여긴다. 하지만 이 사장은 모든 수수료 항목을 하나하나 분석해 봤다. 광고형 노출 수수료, 중개형 수수료, 자체 결제 수수료, 리뷰 혜택 비용, 배달 대행비까지. 이 항목들을 1개월 단위로 매출과 비교해 수치화했더니, 총 수익의 약 32%가 플랫폼 외부로 나가고 있었다. 그는 이를 '고정된 비용'이 아닌, 통제 가능한 구조의 일부로 보기 시작했다. 전략은 문제를 다른 각도에서 보는 데서 시작된다. '절대 줄일 수 없다'고 생각한 항목들을 '**어떻게 바꿔볼 수 있을까**'라는 질문으로 전환한 순간, 전략의 문이 열렸다.

광고 노출 대신 '후킹 메뉴'로 전환했다

이 사장은 앱 내 상단 노출 광고를 과감히 해지했다. 대신 고객이 검색으로 찾아오게 만들 전략을 세웠다. 핵심은 '후킹 메뉴'였다. 단가가 낮지만 인상이 강한 메뉴, 예를 들어 '순살 반반치킨 100g 추가 증정'이라는 타이틀을 메인에 걸고, 썸네일 사진은 타 브랜드보다 더 큼직하고 직관적으로 만들었다. 사람들이 찾을 만한 키워드, 예를 들어 '많이 주는 치킨', '성지', '실한 양' 같은 단어를 리뷰에서 유도해 자연 검색에서 상위 노출을 끌어올렸다. 이 전략은 단순히 마케팅이 아니라, 광고비를 줄이면서도 노출을 유지하기 위한 구조적 대안이었다. 돈을 덜 쓰되, 고객 시선을 더 끄는 구조가 필요했고, 그것을 '보이는 메뉴 구성'으로 해결한 것이다.

직접 배달을 섞어 수수료를 분산시켰다

전체 주문 중 약 30%는 가게에서 반경 1km 이내였다. 사장은 이 구역을 직접 배달하는 구조로 바꾸었다. '직접 배달 시 1천 원 할인'이라는 안내 문구를 주문 페이지에 넣고, 포장용기와 봉투에 별도 스티커를 부착해 '사장님이 직접 배달한 메뉴'로 차별화를 줬다. 이 구조는 고객에게도 '직접 오면 더 따뜻하다', '빠르게 받을 수 있다'는 인식을 주었고, 재주문율이 크게 늘었다. 직접 배달을 병행한 결과, 수수료가 발생하는 건 외곽 지역 위주로 줄어들었고, 가게의 고정 배달비 지출은 20% 이상 절감되었다. 전략은 때로 비용을 줄이는 것이 아니라, 구조를 바꾸어 분산시키는 데 있다.

앱 밖에서도 주문을 만들기 시작했다

배달 앱을 통하지 않고도 주문이 들어오는 구조를 만들 수 있을까? 이 사장은 '단골 전용 주문 채널'을 개설했다. 블로그에 구글폼을 활용한 간단한 예약 시스템을 만들고, 단골 고객에게는 매장 내에서 쿠폰과 함께 해당 폼을 알려주었다. 1회 주문 시 5% 할인, 카드 결제 가능, 포인트 적립이라는 장점도 붙였다. 이 구조는 대량 주문, 야식 단골, 주말 모임 주문 등에 효과적이었다. 전체 주문의 12%가 앱 외부에서 들어오기 시작하면서, 수수료 없이 매출이 오르고, 고객과의 직접 커뮤니케이션도 가능해졌다. 전략은 시스템에 의존하는 게 아니라, 시스템을 보완하거나 우회하는 감각에서 나온다.

주문 단가를 높이는 구조로 이익률을 끌어올렸다

수수료는 주문 수가 많을수록 누적되지만, 주문 단가가 높아질수록 비율은 줄어든다. 이 사장은 사이드 메뉴 1+1, 세트 구성 확대, 음료 추가 시 할인 혜택 등을 통해 평균 객단가를 2천 원 높였다. 특히 '홈술 세트', '가족팩' 같은 메뉴를 전략적으로 띄워 1인 주문이 아닌 2~3인 구성 중심으로 유도했고, 리뷰를 통해 해당 구성에 대한 만족도를 꾸준히 노출시켰다. 이 방식은 고객 입장에서도 '가성비 좋은 구성'을 선택하게 만들었고, 매출은 늘지 않아도 수익률이 확실히 개선되는 구조로 이어졌다. 수수료는 피할 수 없어도, 주문당 남는 이익을 늘리는 방식으로 대응하는 것이 전략의 정수였다.

배달 앱 수수료를 줄인 이 사장의 전략은 단순히 '절약'이 아니라 플랫폼 구조를 이해하고, 그 틈을 설계한 실행 전략이었다. 광고를 줄이되 노출을 유지하고, 직접 배달로 수수료를 분산하고, 앱 외부 주문을 만들어 새로운 흐름을 만들고, 단가 구조를 바꾸어 이익률을 높였다. 가게의 크기와 상관없이, 전략적으로 접근하면 얼마든지 외부 시스템을 유리하게 활용할 수 있다. 핵심은 매출보다 구조를 보고, 손해보다 흐름을 바꾸는 것이다. 전략은 눈앞의 수치를 줄이는 게 아니라, 새는 지점을 막고, 남는 지점을 키우는 설계다.

09

동네 미용실의 VIP 회원제 도입

동네 미용실이라고 하면 보통 '단골 위주로 돌아가는 공간' 정도로 여긴다. 특별한 광고 없이, 입소문과 근처 유동 인구에 의존하며 운영되는 경우가 많고, 경기가 나쁘면 가장 먼저 영향을 받는 곳이기도 하다. 그런데 서울의 한 평범한 미용실은 경기 침체에도 불구하고 월 매출을 꾸준히 유지하고, 심지어 예약이 밀려 있는 날도 많았다. 별다른 확장이 있었던 것도, 유명 디자이너가 있는 것도 아니었다. 그 비결은 'VIP 회원제'였다. 대형 미용 프랜차이즈에서나 있을 법한 시스템을 동네 미용실에 맞게 바꾸고 적용한 이 전략은, 고객의 심리를 파고들며 충성도를 이끌어내는 구조적 설계의 결과였다. 고객에게는 단순한 할인보다 '특별 대우를 받는다'는 느낌이 더 큰 만족을 줬고, 미용실 입장에선 안정적인 수익 흐름을 확보할 수 있었다. 예약 우선권, 전용 제품 제공, 생일 케어 서비스 같은 세부 혜택은 고객의 재방문을 자연스럽게 유도했다.

'자주 오는 손님'과 '계속 오는 손님'은 다르다

이 미용실은 이전에도 단골 손님이 많았다. 커트, 염색, 드라이를 주기적으로 하는 손님들이었지만, 방문 간격은 일정하지 않았고, 예약은 그때그때였다. 그러다 어느 날 사장은 이런 질문을 던졌다. "매달 오는 손님이 실제 매출에 얼마나 안정적으로 기여하고 있을까?" 단골이라도 두 달에 한 번 올 수 있고, 계절이 바뀌면 방문 간격도 흐트러질 수 있다. 그래서 사장은 기존 단골 고객 중 일부에게 먼저 연락했다. "VIP 회원으로 등록하시면 매달 정해진 일정에 맞춰 스타일링 서비스를 예약해드리고, 제품 할인 및 생일 혜택도 제공해드립니다." 이렇게 시작된 VIP 제도는 고객을 관리하는 게 아니라, 고객의 '방문 리듬'을 잡아주는 전략이었다.

고객이 아닌 '회원'으로 관계를 바꿨다

단골이라는 말은 누구나 쓸 수 있지만, VIP라는 말은 책임감과 소속감을 만든다. 이 미용실은 VIP 제도를 통해 고객에게 '회원 전용 혜택'을 제공했다. 예를 들어 월 1회 커트 + 스타일링 상품을 일정 금액에 구독 형식으로 판매하고, 별도의 '전용 예약창'을 만들어 대기 시간 없이 바로 시술을 받을 수 있게 했다. 또 VIP 전용 제품 할인, 스타일 기록 관리, 예약 리마인드 메시지 등을 통해 단순한 시술을 넘는 '서비스 경험'을 제공했다. 이 전략은 단골을 단순한 반복 고객이 아닌, 가게의 팬이자 구성원으로 전환시키는 흐름을 만든 것이다. VIP 고객은 더 이상 '편해서 오는 사람'이 아니라, '소속감을 느껴서 계속 찾는 사람'으로 바뀌었다.

예측 가능한 매출 구조로 바꿨다

가장 큰 변화는 매출 구조였다. 보통 미용실은 주말, 휴일, 방학 시즌 등 특정 시기에 매출이 집중되고, 나머지 기간은 비수기로 손해를 감수하는 구조다. 하지만 이 미용실은 VIP 회원을 통해 고정 매출 흐름을 만들어냈다. 월 구독제 형태로 매달 일정 금액이 입금되고, 그에 맞춰 고객 방문도 안정적으로 이어졌다. 20명의 VIP 회원만 확보해도 매월 몇 백만 원의 고정 매출이 발생했으며, 그 외 일반 고객 방문은 추가 매출이 되었다. 이 구조는 단순한 반복 매출이 아니라, 운영 리스크를 줄이고 수익 예측이 가능한 안정된 구조로 전환된 것이었다. 전략은 이렇게 눈에 보이지 않던 불확실성을 줄이는 데서 큰 힘을 발휘한다.

심리적 만족을 관리하는 전략

VIP 고객이라고 해서 실질적 서비스 내용이 크게 다르진 않았다. 커트는 같은 시간에, 같은 방식으로 진행되었고, 사용하는 제품도 일반 고객과 다르지 않았다. 하지만 이 미용실은 고객이 느끼는 '대우'와 '심리적 우선권'을 철저히 설계했다. 대기 시간이 없고, 사전 예약 알림이 오고, 고객의 스타일 이력이 정리된 상태에서 "지난번과 같은 느낌으로 가실까요?"라고 물어보는 디테일이 고객의 만족을 높였다. 그리고 VIP 전용 캘린더나 예약 메시지는 고객 스스로가 '관리를 받고 있다'는 감각을 갖게 만들었다. 전략은 **실질적 차이보다 감정의 차이**를 만드는 데서 시작된다. 이 미용실은 제품을 바꾸지 않고도, 고객의 감정선을 바꿨고, 그 결과 이탈률이 현저히 줄어들었다.

혜택이 아닌 관계를 유지하는 구조 만들기

많은 가게가 '할인'이나 '쿠폰'으로 고객을 붙잡으려 하지만, 이 미용실은 혜택이 아니라 관계 중심의 전략을 선택했다. VIP 고객에게는 매달 말에 간단한 손글씨 메모와 함께 스타일링 조언을 담은 카드가 발송되었다. 이 카드는 비용이 거의 들지 않지만, 고객 입장에선 강한 인상을 남겼고, 지인 소개로 이어지는 중요한 계기가 되었다. 또한 VIP 전용 리뷰 게시판이나, 헤어스타일 피드백 메시지를 통해 고객이 '내 의견이 반영되고 있다'는 감정을 갖게 했다. 이것은 단순한 시술이 아닌, 브랜드와의 관계 유지 시스템이자, 전략적 커뮤니케이션이었다.

동네 미용실의 VIP 회원제 전략은 단순한 구독 모델이 아니라, 고객의 리듬을 설계하고, 감정을 관리하며, 안정적인 매출 흐름을 구축한 전략적 구조 변화였다.

거창한 기술 없이도 고객과의 접점을 세밀하게 설계하면, 작은 공간에서도 높은 충성도와 재방문율을 만들 수 있다.

전략은 더 많은 손님을 불러오는 게 아니라, 이미 온 손님이 계속 오고 싶게 만드는 것.

이 미용실의 성공은 그런 전략이 어떻게 작동하는지를 보여주는 생생한 예다.

10

무료 체험으로 사람 끌어모으는 방법

누구나 한 번쯤 '무료 체험'이라는 문구에 이끌려 서비스를 이용해본 적이 있을 것이다. 헬스장 무료 일일 이용권, 어플 첫 달 무료 구독, 시식 후 구매 유도 등은 너무 흔해서 이제는 효과가 없을 거라 생각하기 쉽다. 하지만 잘 설계된 무료 체험은 여전히 강력한 전략이다. 중요한 건 '무료로 주는 것'이 아니라, 어떻게 기억되고 어떻게 이어지게 만들 것인가다. 무료는 미끼가 아닌, 관계의 시작이 되어야 한다. 서울 마포구의 한 필라테스 센터는 이 전략을 정교하게 설계해 신규 회원 유입률을 3배 이상 끌어올렸다. 단순히 "한 번 와보세요"가 아닌, 체험의 흐름, 경험의 완성도, 전환 포인트까지 고려된 구조였다. 무료 체험 수업은 고객의 관심사를 반영한 맞춤 루틴과 1:1 상담으로 자연스럽게 다음 단계를 제시했다. 센터 동선은 체험 고객이 이미 회원처럼 느끼도록 설계되었고, 종료 직후 할인 쿠폰과 피드백 폼으로 이어졌다. 단순한 체험이 아닌, 체험 → 공감 → 설득 → 유입으로 연결되는 전략적 흐름이었다.

무료지만 아무 때나 주지 않았다

이 필라테스 센터는 하루 종일 무료 체험을 받을 수 있게 하지 않았다. '오전 11시' 또는 '오후 4시' 단 두 타임만 오픈했다. 이 시간은 실제 수업이 끝난 뒤 짧은 공백 시간에만 운영됐고, 그 덕분에 정규 회원과 겹치지 않았다. 또한 하루 최대 3명까지만 받을 수 있게 제한을 걸었다. 이처럼 '무료지만 제한된 시간과 수량'이라는 설정은 체험의 희소성과 집중도를 동시에 확보해줬다. 체험자가 많아지면 관리가 어려워지고, 고객 경험의 질이 떨어진다. 반면 이렇게 제한된 방식은 체험 고객에게 '관리받고 있다'는 인식을 주고, 체험을 더 특별한 경험으로 만들 수 있다. 전략은 줄수록 강해진다. 무작위로 뿌리는 무료는 의미가 없다.

체험보다 설명을 먼저 줬다

무료 수업 전에 15분 정도 '상담'을 붙였다. 단순한 운동 설명이 아니라, 고객의 생활패턴, 자세 문제, 운동 목표를 물으며 '이 체험이 왜 당신에게 필요한가'를 미리 정의하는 시간이었다. 이 상담이 끝난 뒤 수업에 들어가면, 고객은 자신이 단순히 '한 번 와본 것'이 아니라, '필요해서 이 공간에 온 것'처럼 느끼게 된다. 이는 경험을 개인화하는 가장 효과적인 전략이다. 무료 체험을 수많은 사람에게 제공하는 대신, 한 사람에게 제대로 제공함으로써 만족도와 전환율이 높아진다. '공짜로 받았으니 대충 느껴본다'는 생각이 아니라, '나한테 꼭 맞는 프로그램인가 보다'라는 감정이 생긴다.

가장 기억에 남을 장면을 마지막에 넣었다

체험 수업은 대부분 1시간 내외였다. 이 센터는 마지막 5분을 전략적으로 활용했다. 바로 '비포/애프터 폴라로이드 촬영'이다. 처음 체형을 찍고, 수업 후 같은 자세로 다시 사진을 찍어 비교해 보여주는 방식이다. 큰 변화는 없지만, 스트레칭 후 약간 펴진 어깨, 더 선명해진 허리 라인이 카메라에 담기면 고객은 확실한 인상을 받는다. 그리고 이 사진은 '이건 고객만 보는 자료입니다'라고 말하며 손에 쥐어준다. 이 5분이 강력한 기억을 만들고, 다음 날 예약으로 이어지는 확률이 높아진다. 전략이란 체험의 흐름 중 '기억되는 순간'을 디자인하는 것이다. 가장 인상 깊은 순간이 마지막에 배치되면, 체험은 단순한 무료 서비스가 아니라 브랜드 경험이 된다.

즉시 전환을 유도하지 않고, 여지를 남겼다

수업이 끝나고 상담실로 들어온 고객에게 바로 "등록하실래요?"라고 묻지 않았다. 대신 "일단 오늘 체험한 내용 정리해서 내일 오전에 문자 드릴게요. 혹시 궁금한 점 있으시면 그때 말씀 주세요"라는 식으로 접근했다. 그러면서 오늘 찍은 자신의 체형 변화 사진과 '맞춤형 3개월 프로그램 샘플'이 담긴 브로셔를 건넸다. 이 방식은 고객이 스스로 생각할 여지를 주며, 강요 없이 자연스러운 관심 유도를 만든다. 당장의 결정을 유도하기보다는, 다음 행동의 문턱을 낮추는 설계다. 이렇게 준비된 후속 안내 메시지에는 "이번 주 안에 등록 시 첫 달 10% 할인"이라는 부드러운 유인도 포함되어 있다. 이 모든 구조는 체험 → 인지 → 감정 → 결심까지의 흐름을 설계한 결과다.

'무료'가 아니라 '전환을 위한 투자'라는 관점

이 센터는 월 30명 정도의 체험 고객을 받는다. 이 중 12~15명 이상이 실제 회원으로 전환된다. 광고비 한 푼 없이, 무료 체험이라는 전략만으로 이룬 결과다. 체험에 들어가는 비용은 소모품과 인건비를 포함해 1인당 약 5천 원 수준이지만, 회원으로 전환되면 1개월 평균 20만 원 이상이 매출로 들어온다. 단기적인 손해가 아니라, 전환 가능성이 높은 고객에게 먼저 경험을 선물하고, 관계를 설계하는 전략적 투자인 셈이다. 전략이란 자원을 아끼는 것이 아니라, 자원을 흘려보낼 줄 아는 구조를 짜는 것이다.

'무료 체험'이라는 단어는 흔하지만, 어떻게 체험하게 하느냐, 무엇이 기억에 남게 하느냐, 그다음 행동으로 어떻게 이어지게 하느냐는 완전히 다른 전략의 영역이다.

사람은 공짜를 좋아하지만, 아무 공짜에 반응하지 않는다. 그 공짜가 '나에게 맞는다'는 감각, '나를 위한 것 같다'는 인식이 생길 때, 행동은 달라진다. 좋은 무료 체험은 결국, 고객이 '한 번 더 와야겠다'고 느끼게 만드는 정교한 심리 설계다.

전략은 무료로 주는 게 아니라, 제대로 기억되게 만드는 것이다.

11

퇴사한 후 '1인 사업가'가 살아남은 전략

'회사 다니는 게 힘들다'는 말은 이제 일상이 되었고, 퇴사는 더 이상 특별한 선택이 아니다. 하지만 퇴사 후 어떤 삶을 설계할 수 있을지는 여전히 낯설고 어렵다. 안정된 월급이 끊기고, 사회적 위치가 사라진 그 순간, 많은 사람들은 방향을 잃는다. 그런데 누군가는 그 퇴사 후, 새로운 흐름을 만들어낸다. 마치 처음부터 혼자 일하던 사람처럼, 1인 사업가로서의 구조를 만들고, 고객을 만나고, 매출을 만들어낸다. 서울 홍대 근처에서 '1인 브랜딩 디자인 스튜디오'를 운영하고 있는 한 디자이너 역시 그런 사례였다. 퇴사 후 명함도, 브랜드도, 고객도 없이 혼자 남겨졌지만, 불과 1년 만에 '소개만으로 일감이 들어오는 구조'를 만들어냈다. 이 성공의 배경엔 감각이 아닌 전략이 있었다. 그는 불확실한 환경 속에서도 '어떤 일만 맡을지', '누구에게 알릴지', '어떻게 반복 가능한 흐름을 만들지'를 먼저 정했다. 시작은 느렸지만, 선택과 실행이 일관된 구조는 결국 시장에서 신뢰를 만들어냈다.

퇴사 전, '이름'부터 준비했다

이 디자이너는 퇴사를 결정하고 3개월을 더 회사에 다녔다. 그동안 그는 단순한 포트폴리오가 아니라, 자신의 이름을 알릴 수 있는 작은 콘텐츠를 만들기 시작했다. 인스타그램에 매일 한 장씩 브랜딩 사례를 분석해 올리고, '디자인 피드백 3줄 요약'이라는 코너를 운영했다. 팔로워는 많지 않았지만, 같은 업계 사람들과 자연스럽게 연결되었고, 그 안에서 자신을 특정 이미지로 자리 잡게 했다. 전략은 준비 없이 시작하는 게 아니라, 출발선을 당기는 일이다. 그는 고객보다 먼저 '자신이 어떤 사람인지'를 설명하지 않아도 되게 만들었다. 이름이 곧 메시지가 되는 순간, 혼자가 되어도 혼자 같지 않다.

고객을 찾지 않고, 고객이 찾게 만들었다

퇴사 후 그는 어떤 플랫폼에도 '디자인 외주 받습니다'라는 글을 올리지 않았다. 대신 스스로를 '작은 브랜드의 파트너'라는 정체성으로 정의하고, 블로그와 SNS에 '내가 함께하고 싶은 고객'을 타깃으로 하는 글을 꾸준히 올렸다. 예를 들어 '카페 창업 전 체크리스트', 'SNS 잘하는 브랜드의 3가지 언어', '소자본 브랜드에게 추천하는 색 조합' 같은 콘텐츠였다. 이 글들은 실제 소상공인과 예비 창업자에게 유용했고, 자연스럽게 문의로 연결됐다. 전략은 노출이 아니라 맥락에서 시작된다. 필요한 사람에게 유용한 정보를 반복적으로 제공하면, 신뢰는 조용히 쌓이고, 요청은 먼저 온다.

매출보다 '흐름'을 먼저 설계했다

그는 처음 몇 개월간 수입이 거의 없었지만, 고객 한 명 한 명의 흐름을 꼼꼼히 기록했다. 어떤 글을 보고 연락했는지, 어떤 지점에서 상담이 끊겼는지, 가격 제안에 대한 반응은 어땠는지를 모두 엑셀에 정리했다. 그 결과 몇 가지 패턴을 발견했다. 디자인 시안을 빠르게 보여줄 때 전환율이 올라가고, 서비스명을 구체적으로 제시할 때 불필요한 가격 협상이 줄어들며, 패키지 구성이 명확할수록 고객은 안심했다. 그는 이 데이터를 바탕으로 서비스 항목을 재정비했고, 이후부터는 상담부터 계약까지 흐름이 매끄러워지기 시작했다. 전략이란 수치를 꾸미는 게 아니라, 흐름을 다듬는 반복에서 생긴다.

작게 시작하되, 깊게 연결되게 만들었다

처음 수주한 프로젝트는 로고 디자인 한 건이었다. 단가도 낮았고, 수정은 많았고, 마진은 거의 없었다. 하지만 그는 그 작업을 단순히 '건당 계약'이 아니라 '첫 연결점'으로 보았다. 로고 납품 후 사용 매뉴얼을 무료로 제공했고, SNS에 어떻게 활용하면 좋을지 짧은 컨설팅을 함께 전달했다. 고객은 만족했고, 주변에 같은 창업 준비생을 소개했다. 그렇게 고객 한 명은 또 다른 고객으로 연결됐다. 이 전략은 단순히 서비스를 넘기는 게 아니라, 고객과의 관계를 다음 연결로 이어지게 만드는 전략적 감각이었다. 혼자 일하는 사람에게 가장 큰 전략은 반복 구매 고객과의 '신뢰 흐름'을 만드는 것이다.

혼자지만 혼자가 아닌 구조를 만들었다

그는 이후 혼자 모든 걸 처리하지 않았다. 복잡한 기획안은 카피라이터 프리랜서와 협업했고, 일정이 겹치는 작업은 디자이너 후배에게 분배하며 일정 유지를 최우선으로 삼았다. 고객에게는 "제가 직접 작업합니다"라는 말 대신 "이 일정에 맞춰 최적의 결과를 드릴 수 있게 구성했습니다"라는 표현을 썼다. 혼자 일하지만, '팀처럼 움직이는 감각'을 만드는 구조적 설계가 있었기 때문에 신뢰도는 높고, 작업 완성도는 떨어지지 않았다. 1인 사업가는 혼자지만, 일의 구조를 어떻게 설계하느냐에 따라 충분히 확장성과 유연성을 가질 수 있다.

퇴사 후 혼자가 된다는 건 리스크지만, 동시에 자유이기도 하다.

그 자유를 막연한 도전이 아닌 구체적인 전략의 틀 안에서 움직인다면, 1인 사업도 충분히 성장할 수 있다.

이 디자이너의 사례처럼 이름을 먼저 만들고, 맥락을 설정하며, 흐름을 기록하고, 관계를 구조화하고, 혼자서도 팀처럼 설계하는 모든 과정은 작지만 단단한 전략의 연결이다. 전략은 크고 화려한 게 아니다.

퇴사 후에도 '흐름이 있는 사람'이 되는 것, 그게 바로 1인 사업가의 생존 전략이다.

12

신제품 출시 타이밍이 중요한 이유

좋은 제품이 반드시 성공하는 건 아니다. 반대로 완벽하지 않은 제품이 시장에서 먼저 자리를 잡고 경쟁자를 따돌리는 경우도 많다. 이런 차이는 품질의 문제가 아니라 출시 타이밍이라는 전략의 차이에서 비롯된다. 신제품을 언제, 어떻게, 누구보다 빨리 또는 적시에 내놓느냐는 단순한 일정 조율이 아니라 고객의 기대, 계절, 경쟁, 트렌드 흐름이 얽힌 복합적인 결정이다. 실제로 수도권의 한 중소 식품 브랜드는 '딸기라떼 시리즈'를 남들보다 단 3주 빨리 선보인 전략 하나로 대형 프랜차이즈들과 경쟁하며 시즌 매출을 크게 끌어올렸다. 제품은 비슷했지만, 고객의 기대 타이밍을 정확히 맞춘 그 판단이 시장에서 브랜드를 돋보이게 만들었다. 출시 타이밍은 제품 자체보다도 강력한 전략 카드가 될 수 있다. 이 브랜드는 단순히 빠르게 출시한 것이 아니라, 출시 전 주부터 SNS를 통해 '곧 돌아온다'는 메시지를 반복 노출하며 기대감을 높였다. 소비자는 출시일이 되기도 전에 해당 제품을 '이번 시즌 첫 딸기라떼'로 기억했고, 그 감정이 구매로 이어진 것이다.

시장보다 한 발 먼저 움직이는 감각

딸기 시즌은 보통 12월 말부터 3월까지다. 대형 브랜드들은 보통 1월 초 딸기 제품을 집중적으로 내놓는다. 하지만 이 브랜드는 12월 초, '시즌 오픈'이라는 이름으로 딸기라떼와 딸기 크림바를 먼저 출시했다. 출시 시점에는 딸기가 아직 비쌌지만, 물량 확보를 위해 농가와 미리 계약을 해뒀고, 일부 냉동 보관분도 병행해 제품을 만들었다. 결과는 폭발적이었다. 사람들이 '아직 딸기는 이르지 않아?'라고 말하면서도 SNS에는 사진이 퍼졌고, '여기가 딸기 시즌 시작하는 곳'이라는 인식이 생겼다. 트렌드를 따라가는 게 아니라, 먼저 만들어내는 시도는 시장의 주도권을 쥐는 전략이다. 타이밍을 뺏긴 경쟁 브랜드들은 이후 '비슷한 제품'으로 인식되며 주목도를 잃었다.

타이밍은 계절이 아니라 사람의 기대다

신제품을 '시기적으로 맞춰' 낸다고 해도, 고객의 감정과 기대가 준비되지 않았다면 반응은 없다. 그래서 이 브랜드는 출시 일주일 전부터 '이번 겨울, 가장 먼저 만나는 딸기'라는 문구로 사전 게시물을 올렸다. 맛보다 먼저 감정을 흔들었고, 실제 매장에서는 '시즌 시작 기념 스탬프 이벤트'를 병행해 긴장감을 유지했다. 사람들이 기대하게 만들고, 기다리게 만들고, 그 감정이 클라이맥스를 찍을 때 제품을 내놓는 것. 이것이 단순한 빠른 출시와 전략적인 타이밍의 차이다. 고객의 감정 흐름을 타는 타이밍은 물리적 시간보다 훨씬 강한 선택이 된다.

경쟁이 치열해지기 전에 시선을 독점한다

신제품 출시 후 가장 큰 리스크는 경쟁자의 '유사 제품'이다. 특히 시장이 작고 트렌드가 뚜렷할수록, 조금만 늦어도 경쟁 제품들 속에 묻히기 쉽다. 이 브랜드는 자사 딸기 시리즈 출시 후 약 3주간 유사 제품이 거의 없던 시기를 '단독 기간'처럼 활용했다. 이 시기 동안 모든 온라인 광고, 매장 POP, 배너, 고객 후기 요청 등이 집중되었다. 브랜드 인스타그램 피드에는 '딸기'만 올라왔고, 방문객은 사진을 찍고 자연스럽게 올리게 되었다. 이 짧은 독점기는 브랜드가 시장에서 '원조처럼 보이게 만드는 착시 효과'를 주었다. 경쟁이 시작되기 전에 기억을 선점하면, 고객은 이후에도 같은 브랜드를 먼저 떠올리게 된다.

출시를 제품 중심이 아닌 경험 중심으로 설계했다

타이밍이 단지 일정 관리였다면 이 정도의 반응은 없었을 것이다. 이 브랜드는 출시 시점을 고객의 일상 리듬과 감정 주기에 맞춰 설계했다. 예를 들어 12월 초는 연말 모임이 시작되고, SNS 게시물이 많아지는 시기다. 이때 '겨울 첫 딸기 디저트'라는 이름으로 감성 콘텐츠를 배포했고, 매장에서는 '핑크 트레이'를 한정 제공해 사진이 더 예쁘게 나오게 만들었다. 이는 자연스럽게 콘텐츠 유입을 유도했고, 방문 이유를 만들어주는 효과를 줬다. 전략적인 타이밍은 단순히 '빠르다'가 아니라, '왜 지금이어야 하는지'에 대한 감정적 설득이 포함된 흐름이다. 고객은 타이밍이 아닌 '이 타이밍에 맞춰 등장한 경험'을 기억한다.

출시 타이밍 하나로 브랜드가 리포지셔닝됐다

이 브랜드는 기존에는 평범한 프랜차이즈 중 하나였다. 하지만 이번 딸기 시리즈의 선제적 출시로 인해 '트렌드를 먼저 여는 브랜드'라는 이미지가 생겼고, 이후 시즌마다 '누가 먼저 시작할까'라는 긴장감이 생겼다. 출시 타이밍 하나가 단발성 반짝 이벤트를 넘어서 브랜드의 이미지와 감각을 재정의하는 기회가 된 것이다. 이후 고객들은 매 시즌마다 '이 브랜드는 이번엔 어떤 제품을 내놓을까'를 먼저 찾게 되었고, 매장은 SNS 콘텐츠 공간처럼 활용되었다. 제품은 비슷했지만, 타이밍이 달랐고, 그래서 브랜드도 달라 보였다.

신제품은 언제나 시장에 한 번만 나올 수 있다.

그 '한 번'의 순간을 어디에 둘 것인가에 따라, 제품의 운명이 갈린다.

출시 타이밍은 단지 빠르기 위한 경주가 아니라, 고객의 기대와 브랜드의 존재감을 연결하는 정교한 전략의 교차점이다.

제일 먼저 나올 수도 있고, 제일 늦게 나올 수도 있다. 중요한 건 '지금이 바로 그때'라는 공감이 만들어지는 흐름을 설계하는 것이다.

제품은 품질로 경쟁하고, 브랜드는 타이밍으로 기억된다.

전략은 '왜 지금이어야 하는가'에 대한 이유를 만드는 일이다.

13

직장인의 보고서 전략 - 3줄 요약법

보고서는 업무의 결과물일 뿐 아니라, 자신의 생각을 전달하는 도구다. 하지만 많은 직장인들이 보고서를 '정보를 정리하는 문서'로만 여긴다. 그래서 내용은 많지만 메시지는 없고, 읽는 사람은 끝까지 봐야 겨우 무슨 말인지 이해하게 된다. 상사는 바쁘고, 페이지는 길고, 맥락은 중간부터 어긋난다. 결국 잘 쓴 보고서란 짧고 명확하게 '이게 핵심입니다'를 전달하는 문서다. 이때 유용한 전략이 바로 '3줄 요약법'이다. 서울의 한 중소기업 기획팀에서 일하는 사원의 사례는 이를 잘 보여준다. 그는 보고서에 능한 사람이 아니었지만, 이 전략을 도입한 후 상사의 신뢰를 얻고, 조직 내에서 발표 기회를 더 자주 받게 되었다. 핵심은 요약이 아니라 핵심을 어떻게 '전달할 수 있게' 다듬느냐였다. 그는 매번 보고서를 작성할 때마다 가장 먼저 '이 보고서로 무엇을 결정하게 만들 것인가?'를 스스로에게 물었다. 그런 다음 모든 내용을 세 문장으로 압축해 문서의 첫 페이지에 배치했고,

그 구조는 상사뿐 아니라 동료들에게도 빠르게 읽히는 문서로 자리 잡았다.

내용보다 구조가 먼저다

그는 과거엔 보고서를 쓰면 항상 길었다. 자료는 풍부했고 그래프도 많았다. 하지만 회의 시간마다 상사는 "결론이 뭐야?"라고 되물었고, 종종 발표 중간에 끊기기도 했다. 그가 바꾼 첫 번째 전략은 '3줄 요약을 먼저 쓴 뒤, 본문을 채우는 방식'이었다. 보고서를 열면 맨 상단에 다음과 같이 시작한다.

1. 이번 제안은 SNS 광고 효율 개선을 위한 신규 포맷 테스트입니다.
2. 지난 4주간 기존 광고 대비 CTR이 28% 높았습니다.
3. 다음 주부터 전체 예산의 30%를 신규 포맷에 적용할 것을 권유드립니다.

이 요약만 보면, 이 보고서가 무엇을 말하려는지, 왜 중요한지, 다음 행동이 무엇인지 모두 보인다. 전략이란 정보의 양이 아니라, 메시지의 구조를 설계하는 기술이다.

'누가 보는가'를 생각하며 쓰기 시작했다

보고서는 혼잣말이 아니다. 읽는 대상에 따라 구조도, 문장도, 언어도 달라져야 한다. 그는 팀장에게 보고서를 올릴 땐 "권장드립니다", "필요합니다"라는 권고형 문장을 썼지만, CEO에게는 "선택지가 존재합니다", "비용은 3안이 가장 낮습니다"처럼 중립적인 판단 옵션을 강조했다. 즉, 문장의 구조를 바꾼 것이 아니라, 메시지의 높이를 조정한 것이다. 이처럼 3줄 요약은 '간결한 보고'를 위한 틀이기도 하지만, 동시에 읽는 사람의 위치를 고려한 설계 전략이기도 하다. 잘 쓴 보고서는 상사가 다음 액션을 고민하게 만든다. 판단할 수 있는 구조를 제공하는 게 전략이다.

단순 요약이 아니라, 사고 흐름을 디자인한다

많은 보고서는 데이터를 보여주는 데 집중한다. 숫자와 결과는 충분한데, 읽고 나면 "그래서 어쩌라고?"라는 느낌만 남는다. 그는 숫자 뒤에 반드시 '왜 이게 중요한가'를 붙이기 시작했다. 예를 들어 "광고 도달률 120% 증가"라는 수치를 적은 뒤, "하지만 신규 고객 유입 비율은 낮아 브랜드 확장성과는 무관"이라는 해석을 붙였다. 이처럼 요약은 단순히 줄이는 게 아니라, 의미와 판단을 담는 사고의 흐름이어야 한다. 3줄 요약이 강력한 이유는 정보를 정리하는 게 아니라, 방향을 제시하기 때문이다. 핵심은 숫자가 아니라 그 뒤의 통찰이다.

한 문장은 하나의 의미만 담았다

그는 실수를 줄이기 위해 한 문장에 여러 개의 주장을 담지 않았다. "광고 효율은 높았으나 예산이 줄어든 상태이며, 이에 따라 다음 기획은 조정이 필요함"이라는 문장 대신,

"광고 효율은 높았습니다. 하지만 예산은 줄어든 상태입니다. 따라

서 다음 기획은 조정이 필요합니다."

이처럼 나누면 내용은 같아도 이해가 빨라진다. 문장이 길어질수록 책임도 흐려지고, 의도도 희미해진다. 전략적인 글쓰기란 **핵심을 잘 감추는 게 아니라, 핵심을 누구보다 빨리 보여주는** 일이다. 그래서 3줄 요약은 단순하지만, 동시에 문장 하나하나를 더 날카롭게 다듬게 만든다.

보고서의 목적은 읽히는 것이 아니라, 행동을 이끌어내는 것이다

그는 말한다. "보고서의 진짜 목적은 읽히는 게 아니라, 그걸 읽은 사람이 뭔가를 하게 만드는 것이다." 3줄 요약을 도입하고 나서 팀장에게 받은 반응은 달라졌다. "이번 안 바로 실행하자", "이제 전체 회의에 이 포맷으로 올려보자." 상사의 판단 속도가 빨라졌고, 결정도

빨라졌다. 보고서를 잘 쓴다는 건 그저 글을 잘 쓰는 게 아니라, 상대의 시간과 판단을 설계하는 전략가가 된다는 뜻이다. 3줄 요약은 그 전략의 첫걸음이자, 실행의 문을 여는 열쇠였다.

보고서는 단순한 기록이 아니다.

그 안에는 의도, 흐름, 메시지가 들어 있고, 그 흐름을 가장 빠르게 꺼내 보여주는 방법이 바로 3줄 요약 전략이다.

중요한 건 요약의 기술이 아니라, 핵심을 먼저 보여주고, 상대의 판단을 돕는 구조적 감각이다.

한 문장씩, 읽는 사람의 입장에서 다듬다 보면, 당신의 보고서는 단순한 글을 넘어 '결정을 유도하는 도구'가 될 것이다.

회의 시간 절반 줄이기 전략

회의는 정보를 나누고 결정을 내리기 위한 도구지만, 현실에서는 많은 회의가 시간을 잡아먹는 괴물이 되곤 한다. 명확한 결론 없이 길어지는 이야기, 참석자의 집중력 저하, 반복되는 보고… 결국 회의가 끝나면 모두 지쳤고, 정작 해야 할 일은 시작도 못 한 경우가 많다. 그런데 서울에 있는 한 스타트업은 이런 회의 구조를 바꾸고, 회의 시간을 절반 이하로 줄이는 데 성공했다. 하루 평균 2시간 넘게 사용되던 회의 시간이 45분 내외로 줄었고, 회의 후 바로 실행되는 과제의 비율은 오히려 높아졌다. 그 비결은 화려한 시스템이나 도구가 아니라, 회의의 목적과 흐름을 재정의한 전략적 회의 설계에 있었다. 이 회사는 모든 회의에 앞서 '이 회의가 끝나면 어떤 결정이 내려져 있어야 하는가?'라는 질문부터 던졌다. 그리고 회의 시간은 기본 30분, 안건은 3개 이하로 제한하고, 각 안건마다 발언 시간을 배분해 집중도를 높였다. 회의록은 결과 중심으로 자동 정리되었고, 참여자는 결정 사항에 바로 책임을 지도록 연결되어 회의가 '논의'가 아닌 '실행'의 출발점이 되었다.

회의를 '결정 장소'로 바꾸는 프레임

이 회사는 회의를 발표와 보고의 장으로 사용하지 않았다. 사전에 정리된 내용을 회의 시간에 낭독하거나 공유하는 대신, 회의는 오로지 '의사결정만을 위한 시간'으로 한정했다. 팀장은 "회의 시작 전에 모두 내용을 숙지해오세요"라고 분명히 공지했고, 공유된 문서에는 회의 전에 읽어야 할 내용이 요약돼 있었다. 회의는 '정리된 정보의 발표'가 아닌, 결정할 것만 빠르게 선택하는 공간이 된 것이다. 이 구조만으로도 회의 시간은 절반으로 줄었고, 보고는 문서로, 결정은 회의에서 하는 역할 분리가 명확해졌다. 전략은 단순히 효율이 아니라, 기능을 분리해 집중도를 높이는 설계다.

참석 인원을 반으로 줄였다

불필요한 인원은 초대를 받지 않았고, 꼭 들어야 할 회의만 참여했다. 이 팀은 업무 보고서에 각자의 참여 여부를 체크하게 했고, "의사결정권자 + 직접 실행자 + 해당 문제의 정보 제공자" 이 세 가지에 해당하지 않으면 회의 참석에서 빠졌다. 이 구조는 회의실 안의 '침묵하는 사람'의 수를 줄이고, 모두가 발언권을 가진 사람으로 채워지게 만들었다. 참석 인원이 줄면 회의는 줄어든다. 전략이란 시간을 쪼개는 기술이 아니라, 자원을 덜어내는 구조 설계.

안건당 시간 제한을 뒀다

회의 시간 전체를 줄이려면, 개별 안건의 길이도 조정되어야 한다. 이 팀은 안건 하나당 7분, 최대 3안건까지만 다루는 방식으로 회의 구조를 고정했다. 타이머를 켜놓고 발언이 길어지면 중단하고, 논의가 끝나지 않으면 '보류'나 '비공식 추가 논의'를 선택하게 했다. 중요한 건 안건 하나에 너무 많은 시간을 쓰지 않는 것이었다. 모든 안건은 시간 내에 결정을 내려야 한다는 전제를 갖고 설계되었고, 그 덕분에 회의는 흐름을 잃지 않고 매끄럽게 진행됐다. 전략이란 모든 논의를 끝내는 것이 아니라, 논의를 정리할 수 있는 경계를 만드는 것이다.

회의록을 '결과 중심'으로 바꿨다

기존 회의록은 누가 무슨 말을 했는지가 중심이었다. 하지만 이 팀은 '누가 무슨 말'이 아니라 '어떤 결정이 내려졌고, 누가 무엇을 언제까지 할 것인가'를 중심으로 회의록을 재설계했다. 회의록은 회의 종료 10분 이내에 공용 메신저나 협업툴을 통해 팀 전체에 자동 공유되었고, 그 안에는 핵심 결정과 담당자, 마감일만 정리돼 있었다. 이 간결한 정리는 회의 이후의 흐름을 빠르게 만들었고, 회의가 끝난 뒤에도 무엇을 해야 할지 모두가 명확하게 알 수 있는 구조였다. 전략이란 기록을 위한 기록이 아니라, 행동을 유도하기 위한 결과 설계다.

회의 전 준비를 '필수'로 만들었다

마지막으로 이 회사는 회의 자체보다 회의 전 준비를 전략화했다. 모든 회의에는 '안건 등록 마감 시간'이 있었고, 회의 안건은 특정 양식에 따라 제출돼야 했다. 안건 등록 시 문제 정의, 제안 내용, 선택지, 예상 영향까지 입력하도록 했고, 이를 최소 12시간 전에 공유하도록 했다. 이 준비 단계는 참석자 모두가 회의 전에 미리 생각하게 만들었고, 회의 시간에는 '이미 생각한 것을 바탕으로 결정만 내리는 흐름'을 만들었다. 회의 시간을 줄이는 가장 확실한 전략은 회의 전에 더 많이 준비하는 것이다. 전략은 결국, 시작 전에 흐름을 만들 수 있는 사람이 되느냐의 문제다.

회의는 줄이는 게 목적이 아니다.

그 시간을 줄여도 할 일을 하지 못한다면, 아무 의미가 없다.

진짜 전략이란 회의를 덜 하면서도 더 많이 결정하고, 더 빠르게 실행하게 만드는 것이다. 그 시작은 회의의 정의를 바꾸는 일이고, 그 끝은 회의 이후의 행동을 설계하는 데 있다.

회의 시간을 줄이는 건 효율이 아니라, 일의 흐름을 전략적으로 재구성하는 일이다.

15

고객 불만을 기회로 바꾼 사장님

모든 가게에는 불만을 가진 고객이 있다. 문제가 없을 수는 없고, 실수는 언제든 생긴다. 그런데 어떤 가게는 고객 불만이 쌓이면서 이미지가 나빠지고 결국 단골도 떠나는 반면, 어떤 가게는 오히려 불만 고객이 충성 고객이 되는 경우가 있다. 문제는 발생했느냐가 아니라, 문제를 어떻게 다루느냐에 달려 있다. 인천의 한 도시락 전문점 사장은 이 원리를 몸소 경험했다. 리뷰 창에는 불만이 종종 달렸고, 배달 지연이나 내용물 누락 같은 문제가 반복되었다. 하지만 그는 그때마다 정면으로 대응하지 않았다. 대신 고객이 기대하지 못한 방식으로 문제를 돌파했다. 그 방식은 사과를 넘어서 관계를 회복하고, 결국 브랜드 이미지를 반전시키는 전략이 되었다. 예를 들어 한 고객이 '계란프라이가 터져 있었다'는 리뷰를 남겼을 때, 그는 다음 주문에 손편지와 함께 추가 반찬을 넣어 보냈다. 고객은 "처음엔 실망했지만, 지금은 오히려 더 믿음이 간다"는 후기를 남겼고, 이후 단골이 되었다.

'사과'보다 먼저 감정을 인정했다

문제 발생 직후 대부분의 사장은 "죄송합니다. 다음부터는 주의하겠습니다"라는 메시지를 남긴다. 하지만 이 사장은 달랐다. "오늘 하루가 얼마나 힘드셨을지 상상도 못 하겠습니다. 도시락 하나로 기분이 더 상하셨을 거라 생각하니 정말 속상합니다." 고객의 입장에서 감정을 먼저 건드렸다. 이 문장은 사실상 사과보다 더 강한 연결을 만든다. 불만은 단순한 실수에 대한 반응이 아니라 감정의 결과이기 때문이다. 감정이 무시당했다고 느끼면 불신이 쌓이고, 감정이 공감받았다고 느끼면 기회가 생긴다. 그는 정중함보다 공감을 먼저 꺼냈고, 그것이 고객의 마음을 움직이는 첫걸음이 되었다.

문제를 '기록'이 아니라 '스토리'로 전환했다

이 사장은 클레임이 들어온 날을 매장 직원들과 함께 회고했다. 그리고 문제 해결 과정을 기록하는 게 아니라, 고객의 불만이 브랜드 성장에 어떻게 기여했는지 '사례화'했다. 예를 들어 "5월 3일 김○○ 고객님이 도시락이 식었다고 하셨고, 이후 배달 전 열판 체크리스트를 도입했습니다"처럼 기록하고, 그 내용을 '우리 브랜드 성장 노트'라는 이름으로 정리했다. 이를 직원 교육 자료로도 활용하고, 일부는 블로그나 SNS에 익명으로 공유했다. 이렇게 고객 불만은 내부 반성문이 아니라 '우리는 피드백으로 더 나아지는 브랜드입니다'라는 메시지로 전환되었다.

실행보다 반응 속도를 앞세웠다

문제가 생겼을 때 빠르게 사과하고 쿠폰을 보내는 건 일반적인 대응이다. 하지만 이 사장은 실제 보상이 나가기 전, 먼저 고객에게 '이야기'를 보냈다. 문제를 확인했고, 어떤 조치가 이루어지고 있는지를 설명했다. 예를 들어 "현재 배달 동선이 겹치는 구간을 분리하고 있고, 3일 내 테스트를 마친 뒤 적용 예정입니다"라는 식이다. 이 이야기를 받은 고객은 이미 '내 불만이 중요한 결정으로 반영되고 있다'고 느낀다. 이후 쿠폰이 가면 단순한 사과가 아니라 '나의 목소리가 바꾼 결과물'로 받아들인다. 이때의 감정은 단순한 용서가 아닌, 가게와의 연결감으로 바뀐다.

불만 고객을 브랜드 팬으로 만든 구조

특히 자주 불만을 제기하는 고객을 그는 '민감 고객'이라 부르며 따로 관리했다. 고객 데이터를 분석해 패턴을 파악했고, 배달 전 이 고객에게는 미리 "오늘도 정확히 준비해드렸습니다"라는 메시지를 먼저 보냈다. 몇 달 뒤, 그 고객은 "이 집만큼 꼼꼼한 데가 없다"며 리뷰를 남겼다. 불만 고객은 애초에 관심이 없는 고객보다 더 쉽게 충성 고객이 될 수 있다. 그들은 가게에 기대를 가졌기 때문에 실망했고, 기대가 복원되면 충성도가 높아진다. 이 사장은 이 원리를 실천해, 불만 고객을 브랜드 서포터로 전환시켰다.

작은 사건이 브랜드 이미지를 바꿨다

결정적 계기는 한 고객의 불만 리뷰에 정성껏 답글을 단 사건이었다. 그리고 2일 후 그 고객이 "이 가게는 정말 다르다"며 리뷰를 수정했고, 이 글이 지역 커뮤니티에서 공유되었다. 덕분에 '후기에도 진심인 집'이라는 이미지가 생겼고, 그 단 하나의 리뷰가 전체 브랜드 이미지에 긍정적인 파급 효과를 만들었다. 단 한 번의 위기가 위기가 아니라 기회가 된 것이다. 문제는 피할 수 없지만, 대응은 선택할 수 있다. 그리고 이 선택이 브랜드에 어떤 스토리를 남기는지가 전략의 핵심이다.

모든 가게는 실수할 수 있다. 하지만 어떤 가게는 실수로 손해를 보고, 어떤 가게는 그 실수로 고객을 붙잡는다.

핵심은 실수를 감추지 않고, 감정을 연결하고, 피드백을 시스템에 녹여내며, 고객을 이야기의 주인공으로 만들어내는 전략적 대응에 있다. 사장은 고객의 불만을 문제로만 보지 않았고, 브랜드 성장의 방향으로 바꿨다.

그게 바로 전략이다. 위기를 그냥 넘기지 않고, 이야기로 만드는 능력이다.

16

명함 디자인에도 전략이 있다

명함은 단순한 연락처 전달 수단처럼 보인다. 하지만 한 장의 명함은 상대에게 '어떤 사람인지', '무엇을 하는지', '기억할 만한지'를 각인시키는 가장 짧고 강력한 도구다. 누군가는 명함을 건네고 끝나지만, 누군가는 명함을 통해 새로운 기회를 만들고, 브랜드를 심는다. 서울 성수동의 한 1인 마케터는 이 전략을 실전에서 증명했다. 그는 외주일을 시작하며 수십 번 명함을 뿌렸지만, 아무런 반응이 없었고 연락도 거의 없었다. 하지만 명함을 다시 설계하고 난 후, 상황은 완전히 달라졌다. 한 장짜리 종이 속에 전략이 들어가자, 명함은 그냥 버려지는 종이가 아니라 '두 번째 대화의 기회'로 바뀌었다. 그는 명함에 단순히 직함과 연락처만 적는 대신, 자신이 제공하는 핵심 서비스와 차별화된 메시지를 한 줄로 담았다. 뒷면에는 실제 작업 사례를 QR코드로 연결해, 호기심과 신뢰를 동시에 자극했다. 결과적으로 명함은 연락과 재계약으로 이어지는 '작은 전략 도구'가 되었다.

명함은 디자인이 아니라 '첫인상의 시나리오'다

기존 명함은 평범했다. 이름, 연락처, 이메일, 직함, 그리고 아무 의미 없는 로고. 하지만 그는 이런 구성을 과감히 버렸다. 대신 이름 아래에는 짧은 설명을 넣었다. "디지털 브랜드의 첫 단추를 만드는 사람", "매출보다 고객을 먼저 생각하는 기획자." 이 문장은 명함을 건넨 뒤 상대가 물어볼 수밖에 없는 장치를 만들었다. "이게 무슨 뜻이에요?"라는 질문 하나가 대화를 시작하게 했고, 그 짧은 문장 덕분에 그는 '기억에 남는 사람'이 되었다. 전략은 정보를 전달하는 게 아니라, 대화를 유도하는 장면을 설계하는 것이다.

'깔끔한 디자인'보다 '구조 있는 디자인'이 더 강하다

명함을 재디자인할 때 그는 디자이너에게 요청했다. "세 가지 정보만 보여주세요. 제 이름, 저를 설명하는 한 줄, 그리고 제가 일하는 방식." 그래서 뒷면에는 '진단→구조 설계→마케팅 실행'이라는 3단계만 들어갔다. 이건 마치 작은 인포그래픽처럼 읽혔다. 받는 사람은 그 한 장만 보고도 '이 사람이 어떤 방식으로 일하는 사람인지'를 이해했다. 어떤 디자이너는 명함에 작은 QR을 넣어 자신의 포트폴리오 사이트로 연결했고, 어떤 플로리스트는 이름 아래에 '꽃보다 말이 예쁜 사람'이라는 문장을 넣어 기억에 남게 했다. 디자인은 미적으로 예쁜 게 아니라, 기억이 남고 목적이 실행되는 것이 전략이다.

종이의 질감과 형태도 메시지를 전한다

그는 자신이 주로 만나는 사람들이 스타트업 대표들이라는 점을 고려했다. 바쁜 일정 속에서 산만한 사람들을 상대로는 작고 두꺼운, 손에 감기는 명함이 효과적이었다. 그래서 일반 명함보다 작고, 종이 두께는 두 배인 '사각형 명함'을 선택했다. 상대는 그 명함을 받고 "이거 특이하네요"라고 반응했다. 특이함이 메시지가 되었다. 어떤 사람은 친환경 브랜드 운영자라서 재생지에 코팅 없는 종이를 선택했고, 향을 입히는 경우도 있었다. 명함은 시각뿐 아니라 촉각과 후각까지 사용하는 브랜드의 확장물이다. 전략이란 의외성 속에서 일관된 메시지를 만드는 것이다.

명함은 전달이 아니라 경험이다

그는 명함을 단지 전달하지 않았다. 명함을 건네며 "이거 뒷면 QR 코드 찍으시면 제 작업 방식 보실 수 있어요", "이거 만지면 약간 벨벳 느낌 나죠? 그 감촉이 제가 생각하는 브랜드의 결이에요"라고 말했다. 짧은 설명 하나로 명함은 단순한 정보에서 기억되는 경험으로 전환됐다. 한 스타트업 대표는 "지금까지 받은 명함 중에 가장 재미있었어요"라고 말했다. 결국 그 명함 한 장은 새로운 프로젝트의 연결고리가 됐다. 전략이란 **무엇을 주는지가 아니라, 어떻게 주느냐**를 고민하는 것이다. 명함을 매개로 전달된 건 정보가 아니라 감각이었고, 그 감각은 브랜드의 방향성과도 연결되었다. 그는 명함 하나로 자신을 설명하지 않고, 체험하게 만들었다.

버려지지 않고, 보관되게 만드는 전략

기억에 남는 명함은 지갑이나 책상에 보관되지만, 그렇지 않은 명함은 바로 쓰레기통으로 간다. 그는 명함 아래에 아주 작게 '한 번쯤 연락해보고 싶은 사람이 되기 위해 노력 중입니다'라는 문장을 넣었다. 사람들은 "이 말 너무 좋다"며 명함을 사진 찍어두기도 했다. 어떤 작가는 명함에 '오늘의 한 문장'을 적어 매일 다른 명함을 건네기도 했다. 이런 명함은 그냥 '연락처'가 아니라, 작은 콘텐츠처럼 작동한다. 전략이란, 누군가가 그것을 한 번 더 들여다보게 만드는 구조를 만드는 것이다.

명함은 작지만 가장 강력한 전략 도구다.

그 안에는 직업이 아니라 철학이 들어 있고, 연락처가 아니라 인상이 담긴다. 명함 하나로 다시 만나게 될 가능성이 생기고, 명함 하나로 브랜드가 설명된다.

명함은 사소해 보이지만, 전략이 담기면 기억되고, 다시 읽히고, 결국 연결을 만든다. 전략은 종이의 크기보다, 종이에 담긴 이야기의 밀도에서 결정된다.

한 장짜리 전략이, 가장 큰 기회를 만든다.

17

유튜브 채널이 급성장한 배경

유튜브는 이제 누구나 시작할 수 있는 플랫폼이지만, 누구나 성공할 수 있는 플랫폼은 아니다. 수많은 영상이 매일 업로드되고, 알고리즘은 무자비하게 관심 없는 콘텐츠를 밀어낸다. 그런데 어떤 채널은 구독자가 빠르게 증가하고, 댓글과 공유가 활발하며, 짧은 시간 안에 '브랜드화'된다. 서울에 사는 30대 직장인이 만든 한 유튜브 채널도 그런 사례였다. 촬영 장비도 부족했고, 편집 기술도 평범했지만, 1년 만에 구독자 30만을 넘겼다. 그의 영상은 특별히 화려하지 않았지만, 한 번 본 사람은 끝까지 시청했고, 대부분 다음 영상까지 찾아봤다. 영상 자체보다 더 중요한 건 그 안에 숨겨진 전략적 구조와 흐름이었다. 그는 주제를 선정할 때마다 '지금 사람들이 가장 궁금해하는 것'을 기준으로 잡았고, 썸네일과 제목은 클릭을 유도하면서도 과장되지 않도록 조율했다. 영상의 흐름은 처음 10초 안에 핵심을 전달하고, 중간에 흥미 요소를 배치해 이탈률을 줄이는 방식으로 구성되었다.

처음부터 주제를 좁혔다

그는 처음부터 '모두에게 유익한 영상'을 만들 생각이 없었다. 대신 '회사에서 말 잘하는 법'이라는 아주 좁은 주제로 시작했다. 회의에서 말하는 법, 상사에게 보고하는 법, 발표 자료 정리 요령 등 일상 속 커뮤니케이션 문제를 다뤘다. 이 선택은 조회수는 느리게 오르게 했지만, 구독 전환률은 매우 높게 만들었다. 영상 한 편을 본 시청자들은 다음 영상도 클릭했고, 관련 주제를 검색하다가 이 채널로 다시 돌아왔다. 전략은 넓게 말하는 게 아니라, 정확하게 누구를 위한 콘텐츠인지를 좁히는 일이다. 대중적이기 전에 명확해야, 팬이 생긴다.

첫 10초에 메시지를 넣었다

영상의 시작은 늘 똑같았다. "오늘 영상에서는 회의 때 아무 말도 못 하는 사람들을 위한 세 가지 해결법을 알려드릴게요." 이 문장은 주제를 명확히 보여주고, 시청자에게 '이 영상이 나한테 도움이 될지' 빠르게 판단하게 만들었다. 초반에 아무런 설명 없이 장황하게 들어가는 영상보다 훨씬 효과적이었다. 전략적인 유입은 알고리즘보다 구조에 있다. 사람들이 떠나기 전에 '남을 이유'를 보여줘야 하고, 그건 첫 10초 안에 결정된다. 그는 '궁금증→해결책 예고→전개'의 구조를 모든 영상에 고정했다.

댓글을 데이터로 분석했다

그는 댓글을 단순한 반응이 아니라 다음 영상 기획을 위한 시장

조사 도구로 활용했다. 영상 하나당 300~400개의 댓글이 달리면, 그 안에서 "이런 상황엔 어떻게 하나요?", "다음엔 팀장에게 보고하는 법도 알려주세요" 같은 요청을 수집했다. 그리고 그 요청이 반복되면 콘텐츠로 제작했다. 덕분에 시청자들은 '내가 요청한 영상이 실제로 올라온다'는 만족감을 느꼈고, 이건 구독과 공유로 연결됐다. 전략은 콘텐츠를 혼자 만들지 않는 것이다. 피드백을 콘텐츠로 전환하는 구조를 만든다면, 시청자도 제작자가 된다.

매주 같은 요일, 같은 시간에 업로드했다

시청자는 무의식 중에도 리듬을 따라간다. 그는 매주 수요일 오후 7시에 영상을 업로드했다. 그 시간이 되면 시청자들은 자연스럽게 알림 없이도 채널에 들어왔다. 알고리즘이 아닌 사람의 생활 리듬을 타는 구조를 만든 것이다. 일관된 업로드 시간은 '이 채널은 신뢰할 수 있다'는 인식을 주었고, 영상의 품질보다 리듬의 유지가 더 중요하다는 걸 증명했다. 전략은 콘텐츠 자체보다, 그 콘텐츠가 언제, 어떻게 등장하느냐에 따라 효과가 달라진다는 사실에서 시작된다.

영상 끝에는 항상 다음 행동을 유도했다

영상이 끝날 때 그는 항상 한 문장을 말했다. "오늘 영상이 도움이 되셨다면, 이번 주 보고 때 써먹어보시고, 아래 댓글에 결과를 알려주세요." 이 짧은 멘트는 단순한 구독 요청보다 훨씬 강력했다. 시청자에게는 영상이 끝나도 계속 이어지는 '할 일'이 생겼고, 댓글로 실제 사례를 남기면 다시 다른 시청자와 연결되었다. 이는 커뮤니티를 형성하는 기반이 되었고, 영상 하나하나가 단절되지 않고, 전체 채널 안에서 이어지는 흐름을 만들었다. 전략이란 콘텐츠를 단발성으로 끝내지 않고, 다음 행동을 설계하는 힘이다.

유튜브는 재능보다 전략이 중요한 플랫폼이다.

어떻게 보이느냐보다, 누구에게 닿느냐가 중요하고, 한 번의 히트보다 꾸준히 반응을 만드는 구조가 더 강력하다. 이 채널의 성장 비결은 편집도 장비도 아닌, '콘텐츠를 어떻게 이어지게 만들 것인가'에 대한 전략적 설계에 있었다.

전략은 알고리즘을 뚫는 게 아니라, 시청자의 머릿속에 '다음에 또 보고 싶은 채널'을 심는 것이다.

18

재고를 줄이는 창의적 방법

재고는 자영업자와 소상공인에게 무거운 짐이다. 팔리지 않은 제품은 공간을 차지하고, 자금을 묶어두며, 심리적 압박까지 준다. 하지만 대부분의 가게는 재고를 줄이기보다 '더 많이 팔기'로 문제를 해결하려 한다. 문제는 수요보다 공급이 앞서는 상황에서는 아무리 마케팅을 해도 효과가 제한적이라는 점이다. 그런데 서울 종로의 한 생활용품 매장은 이 문제를 전혀 다른 방식으로 접근했다. '안 팔리는 제품을 줄이는 것'이 아니라, '재고를 흘려보내는 구조를 만드는 것'으로 방향을 바꾼 것이다. 그의 전략은 창의적이었고, 결과는 분명했다. 재고는 절반으로 줄었고, 고객 만족도는 오히려 높아졌다. 그는 매달 '이달의 발견'이라는 이름으로 오래된 재고를 큐레이션하여, 테마별 패키지로 묶어 할인 판매했다. 단순히 싸게 파는 것이 아니라, 고객에게 '이걸 이런 용도로도 쓸 수 있다'는 아이디어를 함께 제시하며 새로운 소비 경험을 유도했다.

팔지 않고 '경험하게' 만들었다

이 매장은 주방 소품이 많았다. 수세미, 향신료통, 실리콘 조리도구 같은 아이템이었는데, 문제는 손에 들었을 땐 괜찮지만 집에 가면 사용하지 않는다는 점이었다. 이 제품들은 시간이 지나면 낡고, 유행이 지나면 그대로 창고에 쌓였다. 그래서 사장은 생각을 바꿨다. 제품을 진열하는 대신, 매장 내에 작은 '테스트 존'을 만들었다. 직접 물을 부어 수세미를 써볼 수 있고, 작은 인덕션 위에서 조리도구를 써보게 했다. 고객이 제품을 만지고 경험하는 순간, 단순한 충동이 아닌 '사용감'이 동기가 되어 구매로 연결되었다. 전략은 판매가 아니라 경험의 설계에서 시작된다. 고객은 써본 것을 더 오래 기억하고, 그 기억은 재고를 움직이게 만든다.

묶어서 팔았더니 더 잘 나갔다

팔리지 않는 제품은 언제나 외면받는다. 이 매장은 그런 제품들을 묶어 새로운 패키지로 재구성했다. 예를 들어 인기 있는 앞치마에 유통기한 임박한 향초를 함께 넣어 '요리하는 밤 패키지'를 만든 것이다. 고객 입장에서는 구성품이 다양해 보이고, 가성비가 느껴졌다. 판매자 입장에서는 팔리지 않는 제품이 하나씩 빠져나갔다. 이 구성은 단순한 할인 행사가 아니었다. 재고를 감추는 게 아니라, 새로운 의미로 리패키징한 전략적 조합이었다. 팔리지 않는 제품도 문맥만 바꾸면 가치가 달라진다.

재고를 콘텐츠로 만들었다

이 사장은 SNS에 올릴 콘텐츠를 고민하다가, 팔리지 않는 제품들로 '이달의 애물단지 코너'를 만들었다. "왜 안 팔리는지 솔직하게 리뷰해드립니다"라는 제목으로 짧은 영상 콘텐츠를 만들고, 직원들이 직접 사용하면서 장단점을 말하는 형식이었다. 놀랍게도 이 영상이 올라간 뒤, 해당 제품들의 재고가 빠르게 빠지기 시작했다. 이유는 단순했다. 고객들은 제품을 솔직하게 소개하는 모습에 신뢰를 느꼈고, 기대치가 낮아진 상태에서 보면 실제 제품은 꽤 괜찮아 보였던 것이다. 전략은 숨기지 않고 드러냄으로써 반전의 기회를 만든다. 진정성 있는 콘텐츠는 마케팅보다 강력하다.

한정 수량과 타이머로 심리를 자극했다

그는 매장 한쪽에 '3일 안에 사라질 제품' 코너를 만들었다. 재고가 많이 남은 제품 중 10개만 진열하고, 매장 안 시계 옆에 "3일 후 교체 예정"이라는 문구를 붙였다. 고객은 그 제품이 꼭 필요하지 않아도, 지금 사야 할 이유가 생긴 것이다. 한정성과 시간 압박이 결합되면 행동은 빨라진다. 특히 이 전략은 고객에게 '이건 오래 남아 있지 않을 거야'라는 메시지를 주며, 머뭇거림을 줄였다. 재고는 느긋하게 기다리는 게 아니라, 긴장감을 만들어 흐르게 해야 한다.

리뷰를 통한 '재입고 요청' 전략

마지막으로 그는 재고가 거의 소진된 제품 중 의외로 반응이 좋았던 것들을 모아, 구매 고객에게 문자를 보냈다. "이 제품 다시 들어왔으면 좋겠나요? 리뷰 남겨주시면 추첨해 선물 드립니다." 많은 고객이 리뷰를 남기며 '다시 사고 싶다'는 의사를 표현했고, 이 리뷰는 새로운 고객에게도 신뢰로 작용했다. 일부 제품은 진짜로 재입고하지 않았지만, 고객은 '내 의견이 반영된다'는 느낌을 받았다. 전략은 행동을 유도하는 구조이기도 하지만, 고객과의 상호작용을 만드는 통로이기도 하다.

재고는 단순히 물건의 문제가 아니라, 구조의 문제다.

팔리지 않는 물건을 계속 쌓아두는 대신, 그 물건을 어떻게 다시 보이게 만들 것인가를 고민하면 해결의 실마리는 생긴다.

경험하게 만들고, 묶어서 팔고, 솔직하게 콘텐츠화하고, 긴장감을 만들고, 피드백을 유도하는 것.

이 모든 과정은 창의력이 아니라 전략적인 시선에서 출발하는 행동 설계다. 재고는 가게의 실수일 수 있지만, 전략을 만나면 새로운 기회가 된다.

문제는 남아있는 제품이 아니라, 제품을 바라보는 방식이다.

19
똑같은 제품, 다른 스토리의 힘

같은 물건을 팔아도 어떤 가게는 잘 팔리고, 어떤 가게는 창고에 쌓인다. 제품은 같고 가격도 비슷한데, 결과는 완전히 다르다. 사람들은 종종 "광고 때문이겠지", "브랜드 네임이 있으니까"라고 말하지만, 그 차이를 만들어내는 건 더 근본적인 요소일 때가 많다. 바로 스토리다. 제품에 담긴 이야기, 브랜드가 전하는 태도, 그것을 소비자가 느끼는 방식이 구매를 결정짓는다. 서울 익선동의 한 잡화점 사장은 이걸 아주 잘 활용했다. 같은 라이터, 같은 컵, 같은 노트였지만, 스토리를 덧입히자 고객 반응이 완전히 달라졌다. 제품은 그대로였지만, 사람들의 시선은 전혀 다르게 바뀌었다. 그는 제품 설명 대신 짧은 이야기를 붙였다. "이 라이터는 철공소에서 만든 공업용 디자인", "이 노트는 작가의 습관에서 영감을 받았다"는 식이다. 고객들은 물건이 아니라 이야기에 반응했고, 결국 **무엇을 파느냐보다 어떻게 보여주느냐**가 전략이 되었다.

'기능'을 말하지 않고, '경험'을 이야기했다

예전엔 제품 설명표에 기능이 전부였다. "심지가 두꺼워 오래 탑니다", "수분 흡수력이 좋습니다" 같은 문구가 붙어 있었다. 하지만 고객은 그걸 보지 않았고, 제품은 늘 남았다. 그래서 사장은 포스트잇 한 장을 붙이기 시작했다. "비 오는 날, 창문 옆에서 켜면 딱 좋은 향초." 단 한 줄의 문장이 제품의 분위기를 바꿨다. 고객은 기능이 아닌 장면을 떠올렸고, 그 장면 속에서 제품을 사고 싶어졌다. 스토리는 제품을 설명하는 것이 아니라, 상상하게 만드는 것이다. 사람은 필요해서보다, 감정이 동해서 지갑을 연다.

제품에 이름을 붙였다

누가 봐도 평범한 머그컵이었다. 흰색, 둥글고, 무광. 그런데 그는 그 컵에 이름을 붙였다. '월요일 오후 3시' 컵. 그 아래엔 이렇게 적었다. "회의가 끝나고도 기분이 가라앉지 않는 오후, 그때 마시는 커피 한 잔의 무게를 담았습니다." 이 제품은 금세 완판되었고, 재입고 요청이 쇄도했다. 다른 가게에서 같은 컵은 여전히 팔리지 않고 있었지만, 이 가게에선 이 컵이 '월요일 오후의 감정'이라는 구체적인 경험으로 포장되며 팔려나갔다. 고객들은 "이 컵은 꼭 내 이야기를 담은 것 같았다"고 말했다. 단순한 도구였던 컵은 어느새 감정을 담는 매개체로 바뀌었다. 전략은 물건을 바꾸는 게 아니라, 보는 방식을 바꾸는 것이다. 이름이 붙는 순간, 물건은 캐릭터가 되고 이야기가 된다.

리뷰를 이야기로 전환했다

고객 리뷰 중 "예쁜데 작네요"라는 후기가 있었다. 대부분의 가게는 그냥 넘어갈 내용이었다. 하지만 그는 이 문장을 이용해 상품 설명을 바꿨다. "작다고 느낄 수도 있어요. 하지만 이 노트는 큰 계획보다 하루의 기분을 기록하기 위해 태어났거든요." 이 문장을 읽은 고객들은 '그래, 이 노트는 그런 용도지'라고 받아들였다. 불만은 막는 게 아니라, 새로운 의미로 바꾸는 전략적 재해석이다. 이야기가 있으면 단점도 개성이 된다. 그 개성은 오히려 차별화된 브랜드 톤을 만든다.

직접 만들지 않아도 창작자가 될 수 있다

이 잡화점의 제품은 대부분 도매로 들여오는 것이었다. 자기가 만든 게 아니라서 더 평범했고, 남들과 똑같았다. 하지만 사장은 '포장'을 바꿨다. 제품에 태그를 달고, 손글씨 메시지를 붙이고, 때로는 고객이 구매한 이유를 SNS에 올렸다. 같은 펜도 '여행 갈 때 꼭 들고 가는 펜'이라는 태그가 붙으면, 일상 속 한순간을 상상하게 만든다. 제조자가 아니더라도, 스토리텔러는 될 수 있다. 똑같은 제품을 다른 눈으로 소개하는 감각이 바로 전략이다.

이야기는 팔리는 순간을 넘어서 브랜드를 만든다

이 가게에는 자주 오는 손님들이 많았다. 이유는 단순했다. "다음엔 또 어떤 이름이 붙어 있을까?", "이번 달엔 어떤 장면이 준비되어 있을까?"라는 기대 때문이다. 사람들은 단순히 제품을 사러 오는 게 아니라, 이야기를 사러 오는 구조로 바뀌었다. 이 스토리 전략은 단발성 이벤트가 아니라 브랜드 그 자체가 되었고, 결국 고객은 '제품'이 아니라 '이 가게의 세계관'을 소비하게 되었다.

제품은 누구나 가져올 수 있다.

하지만 그 제품을 어떻게 소개할지, 어떤 이름을 붙일지, 어떤 장면을 상상하게 만들지는 전략의 문제다. 스토리는 단지 '예쁜 문장'이 아니라, 고객이 물건에 감정을 이입하게 만드는 심리적 구조 설계다.

똑같은 제품이라도 스토리가 달라지면 고객의 인식이 바뀌고, 그 인식이 바뀌면 제품은 기억되고 선택된다.

전략은 결국, 물건이 아니라 '이야기를 고르는 능력'이다.

20

내 일상에도 전략이 숨어 있다

전략이라는 단어는 흔히 기업이나 군대, 혹은 거대한 조직의 전유물처럼 여겨진다. 일반인의 삶에서는 어울리지 않는 단어라고 느껴질 수도 있다. 하지만 전략은 거창한 게 아니다. 오히려 작고 반복되는 일상 속 선택들에 더 자주 쓰인다. 어떤 일을 먼저 할지 정하는 우선순위 결정, 일정한 루틴을 만들어 에너지를 절약하는 구조, 실패를 되풀이하지 않기 위해 메모를 남기는 습관까지, 이 모든 것이 전략이다. 서울에 사는 한 30대 직장인의 하루를 들여다보면, 의외로 전략이라는 말이 어색하지 않다는 걸 느낄 수 있다. 그는 자신의 평범한 일상 속에서, 아주 작지만 지속 가능한 전략적 습관을 실행하고 있었다.

출근 시간은 고정하지만, 경로는 유동적으로 선택한다

그는 매일 아침 8시 반에 출근하지만, 지하철을 타는 시간과 호선을 날씨나 체력 상태에 따라 조정한다. 비가 오는 날엔 조금 돌아가

더라도 환승이 없는 노선을 선택하고, 지하철이 붐비는 날은 버스를 타고 한 정거장을 걷는다. 단순히 길을 바꾸는 것이 아니라, 출근에 필요한 에너지와 스트레스를 전략적으로 관리하는 선택이었다. '시간을 줄이는 것'이 아니라 '스트레스를 줄이는 것'에 초점을 맞춘 판단이다. 그 결과 그는 출근길에 지치는 일이 줄었고, 일과의 시작을 더 안정적으로 맞이하게 되었다.

하루의 일정은 '완료 기준'으로 나눈다

보통 사람들은 하루 할 일을 목록으로 적는다. 하지만 그는 '시간 기준'이 아니라 '완료 여부 기준'으로 하루를 나눴다. 예를 들어 '오전엔 반드시 끝내야 할 1건', '오후엔 급한 것 위주로 2건', '퇴근 전은 다음 날 준비용'처럼 시간보다 완료의 구간을 기준으로 일정을 짰다. 이 방식은 지연되는 업무에 대한 스트레스를 줄이고, 계획이 어그러졌을 때 빠르게 조정이 가능하게 했다. 전략은 시간의 세밀한 분할보다, 우선순위에 맞춘 구획화에서 시작된다. 그는 일의 속도가 아닌, 흐름을 정리해놓고 거기에 따라 움직였다.

점심은 항상 '다음 행동'을 위한 도구로 생각한다

그에게 점심시간은 단순한 식사가 아니다. 중요한 미팅이나 피로한 회의가 있을 땐 소화가 잘 되는 음식을 고르고, 반대로 오후에 복잡한 보고서를 써야 할 때는 카페에서 식사 대신 커피 한 잔으로 집중시간을 확보한다. 그 선택의 기준은 맛이나 기분이 아니라 '점심 이후의 생산성'에 맞춰진다. 전략은 사소한 선택을 장기적인 영향으로 연결시키는 감각이다. '오늘 뭐 먹지?'라는 질문이 아니라, '이 일을 잘하려면 지금 뭘 먹는 게 좋을까?'라는 질문으로 바꾸는 순간, 점심도 전략이 된다.

불확실한 일을 계획표에 넣지 않는다

그는 일정표를 짤 때 '상황이 불확실한 일'은 아예 명시하지 않는다. 대신 'A안이 통과되면 3시에 실행', 'B안이면 5시에 조정' 같은 식으로 조건부 대응안을 메모해둔다. 일이 바뀌는 상황에 대해 미리 준비해두면 당황하지 않게 되고, 즉흥적 판단 대신 미리 짜놓은 전략적 대응이 가능해진다. 이 작은 준비는 일정의 안정성을 높이고, 결과의 예측 가능성을 확보한다. 전략은 우연에 맡기지 않는 태도에서 비롯된다. 일은 계획대로 되지 않지만, 대응은 준비해둘 수 있다.

퇴근 이후의 시간도 '회복을 위한 설계'로 본다

그는 퇴근 후 아무 생각 없이 드라마를 보거나 게임을 하지 않는다. 대신 자신을 회복시키는 방식이 무엇인지 알고, 그걸 전략적으로 배분한다. 월요일엔 짧은 산책, 화요일엔 다큐 시청, 수요일엔 아무것도 하지 않기 등으로 회복 패턴을 설계해두었다. 이 습관은 소모된 에너지를 되살리는 데 매우 효과적이었고, 주 후반에도 집중력을 유지하는 기반이 되었다. 전략은 일만을 위한 것이 아니라, 일 이후의 삶을 설계하는 데도 쓰인다. 회복을 위한 전략이 없으면, 일상은 버티는 일로만 채워진다.

전략은 사무실에서만 쓰는 게 아니다.

일상의 크고 작은 선택 속에서, 우리는 매일 전략적 사고를 하고 있다. 중요한 건 거창한 계획이 아니라, 작지만 반복되는 선택을 의식적으로 설계하느냐의 문제다. 그 순간순간의 결정들이 쌓이면, 그것이 결국 '전략적으로 사는 사람'이라는 이름이 된다.

전략은 나와 멀리 있는 게 아니다. 이미 내 하루 속에 있다.

다만, 내가 그것을 전략으로 인식하느냐의 차이일 뿐이다.

3장

전략은 팀워크에서 완성된다

혼자 짜는 전략은 위험하다

전략은 흔히 혼자 책상 앞에 앉아 고민하고 정리하는 일처럼 보이지만, 실제로는 그렇지 않다. 오히려 전략은 혼자만의 생각으로 짜면 짤수록 현실에서 실패할 가능성이 커진다. 그 이유는 간단하다. 전략은 현실에 맞아야 작동하고, 현실은 '사람들'이 움직이는 세계이기 때문이다. 아무리 치밀하고 논리적인 전략도, 팀의 공감 없이 실행되지 않으면 허공 속 설계도에 불과하다. 서울에 있는 한 중소기업 마케팅 팀에서 있었던 일이 이를 잘 보여준다. 팀장 혼자서 기획서를 작성하고 전략 방향을 정한 후, 팀원들에게 지시를 내렸다. "이게 이번 분기 마케팅 전략입니다. 그대로 따라오세요." 하지만 문제는 그다음부터였다. 실행은 계속 지연됐고, 협업은 엇박자를 냈으며, 성과는 기대에 못 미쳤다. 계획 자체는 훌륭했지만, 아무도 그 전략의 흐름과 이유를 납득하지 못했기 때문에 팀은 움직이지 않았다.

전략은 설계가 아니라 설득의 결과다

혼자 머릿속에서 완성한 전략은 정교해 보일 수 있다. 하지만 실제 현장에서 중요한 건 전략이 얼마나 설득되었는가다. 구성원 각자가 "이게 왜 필요한지", "왜 지금 해야 하는지", "어떻게 해야 하는지"를 납득하고 있어야 한다. 그 마케팅 팀의 실패 이후, 팀장은 방식부터 바꿨다. 전략을 짜기 전에 팀원들과 먼저 간단한 회의를 열고, 최근 캠페인에서의 어려움과 고객 반응, 데이터를 함께 공유했다. 그 자리에서 팀원들이 스스로 문제를 이야기했고, 자연스럽게 "그럼 이런 방향은 어떨까요?"라는 아이디어가 나오기 시작했다. 결국 전략은 팀장이 '짜서 주는 것'이 아니라, 모두가 이해하고 함께 만든 것으로 재정의되었다. 그 결과는 분명했다. 실행은 훨씬 빠르고 유연했고, 팀원들은 자신이 참여한 전략을 더 잘 수행하려는 태도를 보였다.

현장은 전략보다 더 빠르게 움직인다

책상 위에서 만든 전략은 상황이 바뀌면 곧바로 흔들릴 수 있다. 특히 외부 변화가 빠른 시대일수록 전략은 고정된 문서가 아니라, 변화에 반응하는 '살아 있는 구조'여야 한다. 이때 중요한 건 전략을 짠 사람이 그 변화를 직접 느끼고 있느냐가 아니라, 그 전략을 수행하는 사람이 얼마나 주체적으로 움직일 수 있느냐다. 어느 스타트업에서는 대표가 모든 의사결정을 하고 전략을 정했지만, 실행 단계에서 매번 팀이 혼란을 겪었다. 이유는 단순했다. 전략이 바뀌어야 할 타이밍을 실행자가 먼저 느끼는데도, 그 판단을 할 수 있는 권한이 없었기 때문이다. 결국 전략은 유연성을 확보해야 하며, 유연성은 전략을 혼자서 만들지 않을 때 비로소 가능해진다.

공유되지 않은 전략은 존재하지 않는 전략이다

아무리 잘 짜인 전략이라도, 그것이 팀 전체에 공유되지 않았다면 존재하지 않는 것이나 마찬가지다. 전략은 문서로 저장하는 게 아니라 사람의 머릿속에 저장되고, 팀의 대화 속에 퍼져야 진짜 힘을 가진다. 앞서 언급한 마케팅 팀은 이제 전략 초안을 만들면 팀 소통방에 먼저 간단히 정리해 올리고, 그 밑에 "이 전략이 현장에선 어떤 부분이 어려울지 자유롭게 피드백 주세요"라는 문장을 붙인다. 피드백은 24시간 안에 모아지고, 그 내용을 반영해 전략을 다시 조정한다. 이 과정은 오래 걸리지 않지만, 전략이 실제로 작동하는 문서가 되게 만드는 핵심적인 관문이다. 전략을 공유하는 건 선택이 아니라 필수다. 모두가 같은 방향을 보고 있어야만 같은 방향으로 움직일 수 있다.

실행 가능한 전략은 관계에서 시작된다

전략을 잘 짜는 능력보다 더 중요한 건, 그 전략을 신뢰하고 움직여줄 사람이 곁에 있느냐는 것이다. 전략은 결국 실행에서 완성되며, 실행은 관계와 팀워크에서 나오는 결과다. 어느 외식 프랜차이즈 본사에서는 본부가 짠 '신메뉴 출시 전략'이 지역 매장에서 번번이 무시됐다. 이유는 단순했다. 매장 점주들은 본사에서 일방적으로 내려온 전략을 자신들과 무관한 것으로 느꼈기 때문이다. 이를 해결하기 위해 본사는 점주를 대상으로 전략 회의에 참여시키고, 각 지역 사정에 맞는 조정을 허용했다. 그 결과 참여율이 높아졌고, 신메뉴 판매율도 급상승했다. 전략은 관계가 만들어야 작동한다. 혼자 짜는 전략은 결국 아무도 움직이지 않는 외딴섬이 된다.

전략은 머릿속에서 완성되는 것이 아니라, 사람 사이에서 공유되고 공감될 때 진짜 힘을 가진다.

혼자서 짠 전략은 현실을 모르는 설계도로 끝나기 쉽고, 여럿이 함께 만든 전략은 불완전해도 실행 속에서 보완되고 성장한다.

전략이 팀워크에서 완성된다는 말은, 전략이 결국 사람의 움직임을 끌어내는 기술이라는 뜻이다.

좋은 전략가는 혼자 고민하지 않고, 함께 질문을 던지는 사람이다.

팀원들과 함께 전략을 세우는 법

전략은 혼자 짜는 것보다 함께 만드는 쪽이 훨씬 어렵다. 다양한 의견, 각기 다른 업무 스타일, 이해관계, 감정까지 얽혀 있기 때문이다. 하지만 진짜 전략은 혼자 쓴 기획서가 아니라, 함께 만든 방향과 실행 방식이다. 서울의 한 IT 스타트업에서는 새로운 기능 런칭을 앞두고 전략 회의를 진행했다. 예전에는 팀장이 방향을 정하고 이를 설명하는 방식으로 전략을 세웠지만, 이번엔 전혀 다르게 접근했다. 개발자, 디자이너, 마케터, 고객 상담 담당까지 모두 참여한 회의를 열고, 단 한 문장으로 시작했다. "이번 프로젝트의 목표는 뭘까요?" 이 질문에서 시작된 전략은, 참여자 모두가 이해하고 실행할 수 있는 구체적인 전략으로 자라났다. 회의는 처음엔 길어졌지만, 각자의 언어로 말한 목표가 점차 하나의 문장으로 수렴되었다. 그렇게 탄생한 전략은 팀 전체의 감각과 책임이 담긴 '함께 만든 약속'이 되었다.

먼저 문제를 함께 정의한다

전략의 시작은 해결책이 아니라 문제 정의다. 혼자서 전략을 짤 때 가장 많이 하는 실수가 '문제가 무엇인지 충분히 나누지 않고 해결부터 이야기하는 것'이다. 이 팀은 회의 초반, 먼저 문제를 정의하는 데 시간을 썼다. 마케터는 "기능은 좋은데 고객이 모른다"는 말을 했고, 고객 응대자는 "고객들은 복잡하다고 느낀다"고 말했다. 개발자는 "그 기능은 안정성이 떨어져 수정에 시간이 걸린다"고 설명했다. 이 대화는 모두가 같은 문제를 다른 시선으로 보고 있다는 것을 보여줬고, 그 차이를 좁혀가면서 공통된 문제 정의가 만들어졌다. 전략을 함께 짜려면, 모두가 같은 문제를 보고 있어야 한다. 문제를 나누지 않으면 방향은 금세 갈라진다.

모든 사람에게 '한 문장 발언권'을 준다

의견이 많은 회의는 흐지부지되기 쉽다. 그래서 이 팀은 '한 사람당 한 문장으로 자신의 아이디어를 말한다'는 규칙을 세웠다. 긴 설명은 자제하고, 요점만 공유한다. "고객이 버튼을 못 찾고 있어요", "문구가 기능을 설명하지 못해요", "탭 순서를 바꾸면 사용 흐름이 쉬워질 것 같아요." 이런 방식은 생각보다 명확하고 빠르게 회의를 정리하게 해줬다. 전략을 함께 짜려면 말 많은 사람이 아니라, 말이 필요한 사람이 발언할 수 있도록 구조를 만들어야 한다. 평소 조용한 사람도 한 문장은 부담 없이 낼 수 있고, 그 안에 실제 사용자 입장에서 중요한 인사이트가 담겨 있는 경우가 많다.

최종안은 팀장이 아닌, '이유'가 정리한다

전략 회의가 끝나면 '결론'이 아닌 '이유'가 정리돼야 한다. 왜 이 전략을 선택하게 되었는지, 어떤 의견들이 있었는지, 어떤 대안을 버렸는지를 정리해야 팀원들이 이해하고 동의할 수 있다. 이 팀은 회의가 끝나면 슬랙에 다음과 같은 요약을 올렸다. "우리는 사용자 이탈이 많았던 이유를 '첫 진입 화면의 복잡함'으로 보고, 이를 개선하는 전략을 선택했습니다. 다른 대안도 있었지만, 개발 기간과 사용성 측면에서 이 안이 가장 실행 가능하다고 판단했습니다." 이렇게 이유 중심의 정리는 참여자의 납득을 끌어내고, 실행 과정의 맥락까지 공유하게 만든다. 전략은 **'누가 정했는가'보다 '왜 이렇게 되었는가'**가 더 중요하다.

실행 구조까지 함께 짠다

전략을 세우고 나서 역할을 나누는 게 아니라, 전략을 짜는 단계에서부터 '누가 무엇을 맡게 될지'를 이야기하는 것이 효과적이다. 이 팀은 회의 후반, 전략이 정해질 즈음 "그러면 이 흐름에서 각자가 맡을 수 있는 영역이 뭔지 공유해보죠"라고 자연스럽게 역할을 나눴다. 디자이너는 와이어프레임을 수정하기로 했고, 마케터는 랜딩페이지 메시지를 테스트해보기로 했다. 이렇게 되면 전략은 단순한 계획이 아니라, 바로 실행 가능한 구조가 된다. 전략은 멋진 슬로건이 아니라, 움직이는 사람들의 일정을 바꾸는 설계다.

작은 성공을 빠르게 확인한다

전략 회의에서 가장 큰 위험은, 잘 만든 계획이 실행되기도 전에 흩어지는 것이다. 이 팀은 작은 성공을 먼저 테스트하는 방식을 택했다. 일주일 내에 핵심 화면 하나만 바꾸고, 클릭률과 체류 시간을 측정했다. 결과가 좋으면 전략의 나머지 부분도 순차적으로 실행하고, 반응이 없으면 전략 자체를 다시 수정한다. 이렇게 되면 팀원들은 빠르게 반응을 확인하면서 '우리가 함께 만든 전략이 실제로 작동하고 있다'는 성취감을 얻는다. 전략은 문서가 아니라 경험이 되어야 기억되고 지속된다.

함께 전략을 세운다는 건 단지 회의에 부르는 것이 아니다.

의견을 모으는 구조, 정리하는 방식, 역할을 정하는 흐름까지 설계하는 일이다.

혼자서 짜면 빠르게 끝날 수 있지만, 함께 짜면 오래가고 깊어진다. 전략이 팀워크에서 완성된다는 말은, 결국 실행할 사람들과 함께 생각하고, 함께 움직일 수 있게 만드는 과정까지 포함된다는 뜻이다.

좋은 전략은 모두가 '내가 만든 전략'이라고 느끼는 순간부터 진짜 힘을 가진다.

협업을 끌어내는 커뮤니케이션

전략은 혼자서 만들 수도 있고, 혼자서 실행 계획도 세울 수 있다. 하지만 실행은 절대 혼자서 완성되지 않는다. 누군가가 함께 움직여야 하고, 그 움직임의 연결 고리는 결국 커뮤니케이션에 달려 있다. 특히 전략을 팀으로 실현시키는 과정에서 가장 큰 장애물은 소통의 방식이 다르다는 데서 비롯되는 오해다. 서울의 한 기획회사에서는 프로젝트 초기에 늘 협업이 어긋났다. 누구는 책임을 떠안고 혼자 끙끙대고, 누구는 전혀 내용을 몰라 업무를 중복하거나 놓쳤다. 그런데 팀장은 모두가 능력 있는 구성원이라는 걸 알기에 이상했다. 그래서 그는 소통의 구조를 점검했고, 그 안에 '전략이 작동하지 않는 이유'가 숨어 있었다. 그 결과, 전략을 공유할 때 '보고'가 아니라 '해석'을 나누는 대화가 필요하다는 결론에 도달했다. 단순히 "이렇게 하자"가 아니라, "왜 이렇게 하는가"를 함께 이해해야 비로소 전략은 팀의 언어가 될 수 있었다. 그렇게 전략은 메시지가 아니라 대화의 구조 속에서 다시 살아났다.

전달이 아니라 이해 중심의 커뮤니케이션

문제가 있었던 당시, 팀장은 항상 "회의 내용은 공유드린 파일에 있습니다", "요청사항은 슬랙에 정리했습니다"라고 말했지만, 정작 팀원들은 내용을 정확히 이해하지 못한 채 각자 다르게 해석하고 있었다. 그래서 팀장은 보고와 회의의 목적을 '전달'에서 '이해'로 전환했다. 회의 말미에는 "지금 들은 내용 중에 바로 실행 가능한 게 무엇인지 한 문장씩 정리해 주세요"라는 요청을 넣었다. 이 간단한 방식은 각자의 이해가 얼마나 엇갈릴 수 있는지를 명확히 드러냈고, 동일한 정보를 어떻게 받아들이는지를 정렬하는 데 중요한 역할을 했다. 전략은 전달되는 게 아니라, 공유되는 것이며, 공유란 이해가 맞춰질 때 비로소 시작된다.

실행 중심으로 말하는 구조 만들기

팀원 간 커뮤니케이션이 잘 되지 않는 또 하나의 이유는 '추상적인 언어' 때문이다. "좀 더 공격적으로 가보자", "브랜드 무드를 맞춰서 진행해줘", "고객 입장을 고려해서 설계해" 같은 말은 방향은 있어 보이지만 실행에 옮기기 어렵다. 이 팀장은 커뮤니케이션 규칙을 바꿨다. "이해했는지 모르겠지만, 일단 맡아보자"는 태도를 없애고, 말할 때는 구체적인 행동이 들어가게 했다. 예를 들어 "'브랜드 무드'라는 말 대신, 이 프로젝트에선 파란 계열 중심의 디자인으로 정리하고, 텍스트 톤은 '건조하지만 진지한'으로 맞춰주세요." 이처럼 전략이 아닌 실행 언어로 바꾸는 순간, 소통은 부드러워지고 실수도 줄어들었다. 협업은 감정이 아니라 행동 단위에서 설계되어야 한다.

'먼저 설명하기'보다 '먼저 듣기'

많은 리더가 전략을 설명할 때 가장 먼저 하는 실수는 '설명부터 시작한다'는 것이다. 하지만 설명보다 앞서야 하는 건 질문이다. 이 팀장은 이제 전략을 설명하기 전에 먼저 팀원들에게 물어본다. "지금 우리가 하고 있는 캠페인의 목적이 뭐라고 생각해?", "지금 이 화면, 사용자가 제일 먼저 어디를 볼까?" 이렇게 질문으로 대화를 시작하면, 상대는 수동적으로 듣는 게 아니라 스스로 생각하고 말하게 된다. 그러면 설명은 '정보 전달'이 아니라 '관점 정렬'이 되고, 협업은 지시가 아니라 이해를 바탕으로 굴러가기 시작한다. 커뮤니케이션은 말하는 사람이 중심이 아니라, 듣는 사람이 중심이 될 때 전략이 공유된다.

'감정'을 관리하는 커뮤니케이션이 필요하다

협업이 어려운 가장 큰 이유는 기술이나 실력이 아니라, 기분 때문이다. 전달 방식이 날카롭거나, 회의 중에 민감한 반응이 오가면 아무리 전략이 좋아도 실행에 대한 저항이 생긴다. 이 팀장은 이를 방지하기 위해 피드백 규칙을 만들었다. 첫째, 피드백은 '행동'에만 한다. 둘째, 긍정적인 피드백을 먼저 꺼낸다. 셋째, 피드백을 받는 사람에게 '그 말이 맞다고 느껴졌는지' 물어본다. 이 규칙을 실행하면서 팀원 간의 오해가 줄었고, 회의가 끝나고 나서도 '기분 나쁜 말'이 남지 않게 됐다. 전략은 데이터보다 감정을 먼저 다루는 커뮤니케이션이 있을 때 제대로 전달된다.

소통에도 '리듬'이 있어야 한다

이 팀장은 매주 월요일엔 전체 회의, 수요일엔 실무 점검, 금요일엔 돌아보기 회의를 고정했다. 이런 고정 루틴은 커뮤니케이션을 즉흥이 아닌 구조로 만들어주었다. 말할 수 있는 기회가 정기적으로 있다는 건, 쌓이는 감정이나 작은 오해를 줄이는 데 결정적이다. 또한 루틴 회의 안에서도 정해진 순서와 진행 방식이 있어, 혼란 없이 팀 전체가 같은 흐름을 따라갈 수 있었다. 커뮤니케이션은 잘한다고 되는 게 아니라, 반복 가능한 구조로 유지되어야 효과를 발휘한다. 전략이 실행되기 위해선, 그 전략이 반복적으로 소통될 수 있는 리듬의 틀이 먼저 마련되어야 한다.

협업을 끌어내는 커뮤니케이션이란, 단순한 말솜씨나 논리적인 설명이 아니다. 상대가 나와 같은 시선으로 이해하고, 스스로 움직이게 만드는 구조 설계다.

말의 기술보다, 말의 순서와 말의 감정과 말의 반복이 중요하고, 그 흐름 안에서 사람들은 협업하고, 전략은 움직인다.

전략은 말로 전달되지만, 진짜 전략은 말 뒤에 남는 공감의 여운 속에서 실행된다.

04

전략 회의, 이렇게 하면 살아난다

전략 회의라는 말을 들으면 대부분 지루하거나 피곤하다는 반응부터 떠올린다. 사람들이 한자리에 모이지만 말은 돌고 돌고, 자료는 많지만 결론은 흐릿하고, 시간이 지나도 누가 무엇을 어떻게 해야 하는지는 알 수 없다. 전략을 짠다는 의욕은 회의의 첫 10분쯤에서 사라지고, 그다음은 마치 형식적인 절차처럼 느껴진다. 하지만 회의가 살아 있는 순간도 분명히 존재한다. 서울의 한 콘텐츠 스타트업에서는 이 고질적인 문제를 해결하기 위해 전략 회의의 설계 자체를 완전히 바꿨다. 회의의 분위기, 흐름, 참여 방식까지 구조적으로 다르게 접근했고, 그 결과 회의는 더 짧고, 더 활발하며, 실제 실행과 연결되는 결정의 장이 되었다. 그들은 '의견을 나누는 시간'보다 '합의에 도달하는 흐름'을 중심에 두었고, 각 안건마다 '의사결정 시점과 책임자'를 명확히 했다. 회의는 그때부터 전략을 나누는 공간이 아니라, 전략이 결정되는 시간으로 달라지기 시작했다.

전략 회의는 '보고의 자리'가 아니라 '전환의 시점'이다

기존의 전략 회의는 대부분 각 부서의 상황 보고로 시작된다. 하지만 이 회사는 전략 회의 자체를 '과거를 공유하는 자리'가 아니라 '방향을 바꾸는 순간'으로 정의했다. 회의 전 자료는 미리 공유되었고, 회의에서는 발표가 아니라 결정이 오갔다. "이 수치를 보면 지금의 전략을 유지해야 할까요, 아니면 방향을 조정해야 할까요?"라는 질문으로 회의가 시작되었고, 이는 회의를 수동적인 브리핑이 아닌 적극적인 판단의 공간으로 바꿔놓았다. 전략 회의가 전략적으로 작동하려면, 지금 있는 자리를 '무엇을 바꿀 것인지' 논의하는 장으로 전환해야 한다.

모든 전략 회의에는 '질문자'가 필요하다

회의를 지루하게 만드는 가장 큰 이유는 말이 많지만 질문이 없다는 점이다. 이 회사는 전략 회의마다 '회의 진행자' 외에 '질문 담당자'를 따로 정했다. 질문 담당자의 역할은 회의 중간에 관점을 흔들 질문을 던지는 것이다. "우리가 이 방향으로 간다고 가정했을 때, 가장 먼저 바꿔야 할 건 뭘까요?", "이 결정이 틀렸다면 어떤 신호가 가장 먼저 나타날까요?" 이런 질문은 회의에 긴장감을 만들고, 사고의 깊이를 넓혀준다. 전략 회의는 결정을 내리기 위해 모이는 것이지만, 결정 전에 질문을 잘 던져야만 살아 있는 선택이 가능해진다.

'이 회의가 끝나면 무엇이 바뀌는가?'를 적는다

전략 회의가 끝나고 나면 모두 피곤해하고, 결정은 어정쩡하며, 결국 아무것도 바뀌지 않는 경우가 많다. 이 회사는 회의록 마지막 줄에 반드시 이 질문을 적는다. "이 회의가 끝난 뒤, 무엇이 바뀌었는가?" 누가 무엇을 내일 바꿔야 하고, 어떤 기준으로 행동이 달라지는지를 문장으로 써야 했다. 이 항목이 들어간 뒤로는 회의 자체가 목적을 명확히 가지게 되었고, 구성원들은 회의 전에 스스로도 '무엇을 바꿔야 하지?'를 생각하게 되었다. 전략 회의가 전략적으로 되기 위해선, 논의의 끝이 아니라 실행의 출발점을 설계해야 한다.

모두가 말하지 않아도, 모두가 듣는 구조

어떤 사람은 회의에서 말이 많고, 어떤 사람은 한마디도 하지 않는다. 하지만 그렇다고 해서 의견이 없거나 관심이 없는 것은 아니다. 이 회사는 말하지 않아도 참여할 수 있는 구조를 만들었다. 회의 전 슬랙 채널에 "이번 회의에서 고민하고 싶은 주제 세 가지를 3줄 요약으로 올려주세요"라는 메시지를 미리 공유했고, 이를 바탕으로 회의의 흐름이 구성되었다. 말로만 표현되는 전략 회의는 편향되기 쉽지만, 사전에 준비된 텍스트 기반 자료는 다양한 시선을 보완해준다. 말하는 사람 중심이 아니라, 생각하는 사람 중심의 전략 회의 구조가 필요한 이유다. 이 구조 덕분에 회의에 익숙하지 않던 팀원들도 자신의 생각을 안전하게 표현할 수 있었고, 다양한 시선이 전략 안으로 자연스럽게 스며들었다. 조용한 참여가 오히려 전략의 깊이를 더

하는 방식이 된 것이다.

감정을 수치화하고, 수치를 감정화하는 시간

전략 회의가 단지 수치만 주고받는 자리라면 인간의 감각은 사라진다. 이 회사는 회의 중간에 모든 구성원에게 이런 질문을 던졌다. "이번 전략에 대해 1부터 5까지 자신감을 점수로 표현해주세요." 그리고 그 점수 아래 이렇게 물었다. "왜 그 숫자를 골랐나요?" 수치는 말보다 명확하고, 그 안의 감정은 말보다 진짜다. 누군가는 2점을 주고 "방향은 좋은데 실행력이 걱정돼요"라고 말했고, 누군가는 5점을 주며 "이 전략은 처음으로 설득됐어요"라고 말했다. 전략 회의가 살아 있으려면 수치와 감정이 함께 있어야 한다. 숫자만 있는 회의는 기계고, 감정만 있는 회의는 흩어진다. 그 둘을 함께 다룰 때 전략은 현실이 된다.

전략 회의는 모두를 피곤하게 만드는 시간이 아니라, 모두가 다시 움직이기 위한 흐름을 만드는 순간이 되어야 한다.

자료가 아니라 관점이 오가고, 발표가 아니라 질문이 흐르며, 지식이 아니라 실행을 설계하는 곳이 될 때 전략 회의는 살아난다.

사람들이 회의실을 나설 때 뭔가 달라졌다고 느끼는 그 순간, 그게 바로 전략 회의가 제대로 작동한 증거다.

05

실패하는 전략의 공통점

전략은 성공을 위해 짜지만, 현실에선 많은 전략이 실패한다. 처음엔 야심차게 출발하지만 어느새 실행이 멈추고, 책임을 물을 사람만 남는다. 그런데 자세히 보면, 실패하는 전략에는 몇 가지 공통적인 패턴이 있다. 문제가 되는 건 전략 자체의 아이디어보다, 그것이 어떤 방식으로 만들어지고 실행되는가다. 서울의 한 교육 스타트업은 온라인 콘텐츠 개편을 위한 전략을 세운 적이 있다. 방향은 나쁘지 않았고, 시장 조사도 철저했으며, 발표 자료도 완벽했다. 하지만 결국 이 전략은 실현되지 못했고, 조직 안에서는 다시 '원점으로 돌아가자'는 말만 반복되었다. 그 실패의 원인은 전략 그 자체보다, 전략을 대하는 태도와 구조에 있었다. 팀원들은 전략을 '정답'처럼 받아들였고, 누구도 중간 점검이나 수정의 필요성을 제기하지 않았다. 전략은 실행 중에 조정되어야 하지만, 이 조직에서는 처음 세운 계획을 바꾸는 것이 마치 실패처럼 여겨졌던 것이다.

실행 계획이 없는 전략은 생각에 불과하다

이 회사는 콘텐츠 방향을 바꾸기로 했다. 더 짧고 몰입감 있는 영상으로 구성하고, 챕터별로 인터랙티브 요소를 넣자는 계획이었다. 하지만 정작 그 전략을 실행에 옮길 팀은 이미 다른 프로젝트로 과부하 상태였다. 누구도 그 전략을 구현할 수 없었고, 일정도 자원도 전혀 고려되지 않은 채 발표만 화려하게 진행되었다. 전략 회의에서는 구체적인 실행 방안 없이 '좋은 방향'과 '시장 기대치'만 반복되었고, 발표 이후 어느 팀도 실행의 주체가 되지 않았다. 발표 직후에는 팀 내 슬랙 채널조차 조용했고, 실행 태스크가 만들어지지 않아 한 달 후엔 전략의 존재조차 흐려졌다. 현장에서는 "그 전략은 누가 하는 건가요?"라는 질문만 남았고, 결국 아무도 책임지지 않는 그림이 되었다. 실패하는 전략은 '좋은 생각'이지만 '움직일 수 없는 구조'로 되어 있다. 전략은 실행이 없다면 존재하지 않는 것이다. 자원, 인력, 시간, 단계, 리스크 관리가 빠진 전략은 그냥 아이디어일 뿐이다.

실패하는 전략은 현장을 모른다

책상 위 전략이 실패하는 또 하나의 이유는 현장의 감각이 빠져 있다는 것이다. 위 교육 스타트업은 학습자 경험을 개선하기 위해 메뉴 구조를 개편하기로 했는데, 정작 고객 상담팀이나 CS 채널에서 반복적으로 나온 불만은 메뉴가 아니라 로그인 절차에 있었다. 사용자는 메뉴가 불편하다고 말하지 않았고, 실제 이탈 지점도 로그인 과정에서 집중적으로 나타나고 있었다. 즉, 진짜 문제는 다른 곳에 있었고, 현장의 목소리는 반영되지 않은 전략이 실행되면서 중요하지 않은 걸 바꾸고, 중요한 건 그대로 두는 실수가 벌어졌다. 실패하는 전략은 현실이 아니라 통계와 보고서 위에서 만들어진다. 숫자만 보면 그럴듯해 보이지만, 실제 흐름과의 간극은 커져만 간다. 전략은 위에서 짜지만, 아래에서 작동하지 않으면 무력하다.

모호한 목표는 팀을 흔든다

이 회사는 콘텐츠 개편을 통해 '사용자 경험 향상'이라는 목표를 내세웠다. 겉보기에 멋지고 설득력 있는 말이다. 하지만 구체적으로 무엇이 어떻게 바뀌는지를 아무도 말하지 못했다. 사용자 경험이란 단어는 넓고, 사람마다 해석이 달랐다. 어떤 사람은 화면 전환 속도를, 어떤 사람은 디자인 감성을, 또 어떤 사람은 학습 결과의 체계화를 떠올렸다. 목표는 하나였지만, 각자 생각하는 지점이 달라서 회의에서는 의견이 충돌했고, 실행 단계에서는 손발이 어긋났다. 이처럼 목표가 모호하면 팀은 각자 다른 방향으로 움직인다. 목표는 넓게 잡을수록 의욕은 생기지만, 실행은 헷갈리게 된다. 모두가 고개를 끄덕이지만, 실제로 무엇을 해야 하는지에 대한 공감대는 생기지 않는다. 전략은 명확한 '측정 기준'과 '완료 시점'이 함께 있어야 한다. 그렇지 않으면 전략은 길을 잃는다.

속도에만 집중하면 방향을 놓친다

당시 전략 회의에서 가장 많이 나온 말은 "이번 달 안에 결과를 보여줘야 해요"였다. 그래서 개편은 무리해서 밀어붙여졌고, 중간 점검 없이 다음 단계로 넘어갔다. 빠르게 결과를 보여줘야 한다는 압박은 오히려 사용자 피드백을 반영할 기회를 없앴고, 처음부터 다시 돌아가는 상황을 만들었다. 실패하는 전략은 조급함에 휘둘리고, 중요한 과정을 건너뛴다. 속도는 필요하지만, 전략의 본질은 '더 빨리'보다 '더 정확하게'다. 완성까지의 여정을 설계하지 않고 단기 성과만 추구하면, 전략은 가속 페달을 밟은 채 곧장 벽으로 달려간다.

누구의 전략인지 모르면 누구도 책임지지 않는다

마지막으로 이 전략에는 명확한 소유자가 없었다. 발표자는 있었지만, 그 전략을 끝까지 책임지고 관리할 사람이 없었다. 중간에 질문이 생겨도 누구에게 확인해야 할지 모르는 일이 반복되었고, 전략의 목적은 흐릿해졌으며, 결국 누구도 그 전략의 결과에 책임을 지지 않았다. 실패하는 전략은 방향은 있지만 주인은 없는 구조다. 좋은 전략은 한 사람이 독단적으로 만드는 것이 아니라, 누가 책임지고 이끌 것인지 명확히 지정된 구조에서 탄생한다. 책임이 흐려지면 전략도 흐려진다.

전략은 그럴싸하게 보이기 쉽고, 말로는 멋지게 들리기 쉽다.

하지만 현실은 다르다. 전략이 실패하는 이유는 내용이 나쁜 것이 아니라, 현장을 무시하고, 실행을 고려하지 않으며, 목표가 모호하고, 속도에만 몰두하고, 책임이 사라지기 때문이다.

전략은 종이 위에서 시작되지만, 결국 사람의 손에서 완성된다.

실패하는 전략은 대체로 그 손을 거치지 않고 혼자 쓰여진 것이다.

좋은 전략은 다듬어지며 만들어진다. 실패하지 않는 전략은, 함께 짜고 함께 책임지는 전략이다.

4장

전략을 점검하는 법

전략이 먹히고 있는지 확인하려면

전략은 멋지게 세우는 것도 중요하지만, 실제로 효과가 있는지 확인하는 일이 그보다 더 중요하다. 전략이 아무리 훌륭해 보여도, 현장에서 먹히지 않는다면 그건 그냥 멋진 이론일 뿐이다. 서울의 한 푸드 스타트업에서는 '구독형 도시락 서비스'를 런칭하며 "편리함과 건강함을 동시에 제공하겠다"는 전략적 방향을 세웠다. 메뉴는 다양했고, 배송도 정확했으며, 홍보도 활발했다. 내부적으로는 만족스러운 성과처럼 보였고, 초기 반응 역시 긍정적이었다. 그런데 3개월 후, 구독자 수는 늘었지만 재구독률이 뚝 떨어졌고, 고객센터에는 예상보다 많은 불만이 쌓였다. 고객은 '편리함'보다는 '반복적인 메뉴 구성'에 피로감을 느꼈고, '건강함'이라는 콘셉트가 실제 식사 만족도와 연결되지 않았던 것이다. 회사는 그때서야 전략이 '실제 고객 경험'에서는 어떤 반응을 얻고 있는지 구체적으로 따져보기 시작했다. 전략이 작동하는지 확인하는 일은 단지 성과를 측정하는 게 아니라, 방향을 점검하는 과정이다.

숫자보다 먼저 '신호'를 읽는다

많은 조직이 전략 효과를 확인할 때 제일 먼저 찾는 건 숫자다. 클릭 수, 전환율, 매출, 가입자 증가 등은 분명 중요한 지표다. 하지만 수치는 뒤늦게 나타난다. 진짜 중요한 건 사람들이 어떤 '변화된 반응'을 보이고 있는가다. 위 스타트업의 경우, 초기에 가장 먼저 나타난 변화는 고객 문의 유형이었다. "처음엔 좋았는데, 먹다 보니 질려요", "메뉴가 다양하다고 했지만 제 취향엔 안 맞네요." 수치는 아직 괜찮았지만, 이 말들은 전략이 일방적이라는 신호였다. 전략이 먹히지 않을 때는 숫자보다 고객의 말에서 먼저 조짐이 보인다. 정기적으로 피드백을 수집하고, 그 안에 감춰진 패턴을 읽어내는 역량이 전략 점검의 출발점이다.

전략의 목표가 '보이는가'를 확인한다

전략은 애초에 어떤 변화를 만들기 위해 설계된 것이다. 그런데 그 변화가 실제로 보이고 있는지, 체감되고 있는지를 점검하지 않으면 방향이 흐려진다. 예를 들어, '고객이 더 자주 방문하게 만든다'는 전략이라면, 고객 행동 패턴이 바뀌었는지를 데이터로 추적하거나, 고객 인터뷰를 통해 "요즘 자주 찾는 이유가 뭐예요?"를 묻는 방식으로 확인할 수 있다. 많은 전략이 실패하는 이유는, 전략이 효과 없어서가 아니라 전략의 목표가 애초에 구체적으로 정의되지 않아서다. 점검은 목표를 다시 구체화하는 과정이기도 하다. 바뀌었는가? 변화를 측정할 수 있는가? 그게 없으면 아무리 전략을 실행해도 확인할 수 없다.

전략의 결과보다 '흐름'을 본다

전략은 결과로만 판단하기 어렵다. 때로는 좋은 전략도 시간이 걸리고, 단기적으로는 오히려 수치가 떨어지기도 한다. 그래서 이 스타트업은 전략 점검 방식 자체를 바꿨다. 성과를 보는 대신, 고객의 여정 흐름을 추적했다. 처음 어떤 경로로 구독을 시작했고, 며칠 후 어떤 메뉴를 고르고, 어떤 시점에서 불만을 느꼈는지까지 전체 흐름을 시각화했다. 이 과정에서 구독 3주 차에 '반복되는 메뉴'가 지루함의 원인이라는 걸 발견했고, 이 시점에 맞춘 메뉴 로테이션 시스템을 전략에 반영했다. 전략이 먹히고 있는지를 판단하려면, 결과만 보지 말고 과정에서 어디서 끊기고 있는지를 추적해야 한다. 잘 작동하는 전략은 숫자보다 흐름에서 안정감을 보여준다.

전략은 반복 점검할수록 유리하다

전략이 잘 작동하는지를 6개월에 한 번 보는 조직과, 매주 작은 데이터를 점검하고 반응을 바꾸는 팀은 결과에서 큰 차이를 낸다. 위 사례에서도 주간 리뷰 미팅이 결정적이었다. 각 팀이 전략 실행 후 느낀 변화를 한 문장씩 공유했고, "이번 주 고객 반응은 이랬어요", "예상보다 이 기능 사용률이 낮아요" 같은 소소한 코멘트가 전략 수정을 빠르게 가능하게 했다. 전략 점검은 성과 평가가 아니라 학습의 반복이다. 한 번 짜고 나면 끝나는 전략은 없다. 전략은 실행 속에서 자라고, 점검 속에서 진화한다.

전략이 '현장과 얼마나 연결되어 있는가'를 확인한다

마지막으로, 전략이 성공하고 있는지를 점검할 때 가장 확실한 질문은 이것이다. 현장에 있는 사람들이 전략을 자기 일처럼 말하고 움직이는가? 전략은 위에서 짰더라도, 아래에서 사용되지 않으면 그저 '공기 속 문장'일 뿐이다. 이 스타트업은 고객센터 직원들에게 "요즘 어떤 말 자주 들으세요?", 배송 담당에게 "이번 주 배송에서 달라진 거 있었어요?" 같은 질문을 전략 점검의 기본 보고 항목으로 삼았다. 전략이 제대로 작동하면, 가장 말단에 있는 현장에서도 말투와 태도가 바뀐다. 이걸 놓치면 수치가 올라가도 현실은 반응하지 않는다.

전략이 진짜 작동하는지 확인하려면, 보고서를 보기 전에 고객의 말에 귀 기울이고, 성과 지표를 보기 전에 고객의 움직임을 따라가야 한다. 전략은 계획보다 관찰에서 강해지고, 종료 시점보다 반복 점검에서 생명력을 얻는다. 전략을 잘 짰느냐보다 중요한 건, 그 전략이 현실에서 지금 '살아 있는가'를 주기적으로 묻는 일이다.

실행 결과는 숫자보다 흐름에 있다

전략의 실행 결과를 확인할 때 가장 먼저 보는 건 수치다. 클릭 수, 전환율, 매출 상승, 가입자 증가 같은 지표는 명확하게 보이고 쉽게 비교할 수 있다. 그래서 대부분의 보고서는 숫자 위주로 구성되고, 전략의 성과도 숫자로 판단된다. 하지만 숫자는 그 자체만으로 전략의 성공 여부를 완전히 말해주지 않는다. 오히려 전략이 작동하고 있는지를 더 잘 보여주는 건 '흐름'이다. 숫자는 결과지만, 흐름은 무엇이 어떻게 작용했는지를 보여주는 맥락이다. 서울의 한 뷰티 브랜드가 신규 라인을 론칭했을 때, 초반 광고 캠페인 수치만 보면 성공처럼 보였다. 조회수와 좋아요는 크게 늘었고, 홈페이지 방문자 수는 2배가량 증가했다. 그러나 막상 구매 전환은 기대 이하였고, 고객들은 '뭔가 과하다는 느낌'이라는 피드백을 남겼다. 이 회사는 그제야 숫자가 아닌 흐름을 추적하기 시작했고, 그 속에서 문제의 본질을 발견했다.

숫자는 '결과'지만 흐름은 '원인'을 알려준다

광고 캠페인의 수치는 화려했다. 하지만 고객의 실제 행동을 시간 흐름에 따라 쫓아가 보니, 영상 시청 후 바로 제품 페이지로 이동한 비율은 높았지만, 체류 시간은 매우 짧았고, 장바구니 담기까지 가지 못하는 경우가 많았다. 영상과 제품 설명 간의 톤이 달랐고, 광고는 감성적이었지만 제품 페이지는 기능 설명 위주였다. 감성에서 논리로 갑작스레 전환된 흐름 때문에 고객이 이탈한 것이다. 숫자만 보면 캠페인은 성공 같았지만, 흐름을 보면 연결이 끊긴 지점이 분명히 있었다. 전략의 효과를 제대로 보려면, '얼마나'보다 '어디서 어떻게'가 중요한 이유다.

전략은 흐름의 '연결성' 속에서 작동한다

이 브랜드는 이후 캠페인을 전면 수정했다. 광고 영상에서 사용한 문구와 톤을 제품 페이지에도 맞추고, '같은 이야기'가 이어지도록 메시지를 통일했다. 고객이 영상에서 느낀 감정이 제품 소개에서도 이어지게 하자, 전환율은 눈에 띄게 올라갔다. 특히 고객이 구매 버튼을 누르기까지 머무는 시간도 길어졌고, 장바구니 이탈률도 현저히 줄었다. 이전엔 각 마케팅 채널이 제각각 움직였다면, 이제는 하나의 이야기로 감정과 정보가 끊김 없이 이어지도록 설계된 것이다. 이 사례는 전략의 본질을 잘 보여준다. 전략은 각 지점의 완성도보다, 전체 흐름의 연결성이 중요하다. 전략의 효과를 판단할 때는 개별 지점의 성과보다 그 지점들이 어떻게 이어졌는지를 봐야 한다.

고객 여정은 전략의 흐름을 시각화하는 지도다

흐름을 읽기 가장 좋은 도구 중 하나가 고객 여정 지도다. 이 뷰티 브랜드는 광고를 본 뒤 구매에 이르기까지의 전 과정을 타임라인으로 정리했다. 어떤 시간에 어떤 페이지를 방문했고, 어디서 머물렀고, 어디서 이탈했는지를 시각화했다. 지도처럼 펼쳐놓고 나니, 문제가 명확해졌다. 전략의 약한 고리는 항상 흐름의 전환점에서 드러난다. 감정에서 정보로, 관심에서 행동으로, 탐색에서 구매로 넘어가는 지점마다 고객이 어떻게 움직였는지를 따라가야 전략의 성공 여부를 제대로 판단할 수 있다.

성과보다 '패턴'에 주목해야 한다

숫자는 일시적일 수 있다. 어떤 날은 갑자기 구매율이 뛰기도 하고, 어떤 날은 예외적인 이벤트로 전환율이 낮아지기도 한다. 그래서 전략 점검은 단발적인 수치보다 일정 기간 동안의 행동 패턴을 보는 것이 중요하다. 이 브랜드는 한 달 간의 고객 데이터를 요일별, 시간대별, 페이지별로 쪼개어 분석했다. 그 결과 평일 오전 10시~11시에 방문한 고객은 구매 전환율이 평균보다 3배 높다는 사실을 발견했고, 이후 광고 송출 타이밍과 이벤트 팝업 시간을 조정했다. 숫자보다 흐름을 본다는 건, 움직임 속의 반복과 예외를 구분하는 안목을 갖는 것이다. 그렇게 전략은 더 정교해지고, 실행은 더 현실에 가까워진다.

흐름을 본다는 건 결국 사람을 본다는 뜻이다

전략은 숫자와 구조로 짜이지만, 그것을 받아들이는 건 '사람'이다. 흐름을 본다는 건, 사람이 어떻게 반응하고, 어디서 멈추고, 왜 돌아서는지를 읽는 과정이다. 이 회사는 한 발 더 나아가 제품을 구매하지 않고 떠난 고객 50명을 대상으로 인터뷰를 진행했다. 이 중 절반 이상이 "광고를 보고 기대했는데, 제품은 그냥 그랬어요."라는 말을 남겼다. 콘텐츠 흐름 속 감정이 기대치를 너무 끌어올린 것이 문제였다. 전략이 실패할 때는 수치가 아니라 감정이 끊긴다. 흐름을 분석한다는 건 그 끊김의 순간을 포착하고, 다시 이어붙이는 전략의 힘이다.

숫자는 눈에 잘 보이지만, 전략이 진짜로 작동하는지는 '그 숫자 안의 흐름'을 봐야 알 수 있다. 성과는 순간이지만, 흐름은 과정이다.

고객의 움직임, 감정의 변화, 연결의 끊김까지 읽을 수 있어야 전략은 단순한 수치를 넘어 진짜 행동을 바꾸는 도구가 된다.

전략은 숫자로 증명되기 전에, 사람의 흐름 안에서 살아 있어야 한다.

잘못된 전략은 빨리 바꿔야 한다

전략을 세울 때 가장 흔한 착각은, 방향만 잘 잡으면 무조건 끝까지 밀고 나가야 한다는 생각이다. 하지만 현실에서는 처음 짠 전략이 실제 상황과 어긋나는 경우가 훨씬 더 많다. 시장은 예상보다 빠르게 움직이고, 고객의 반응은 언제든 바뀌며, 경쟁자의 움직임이나 내부의 실행력도 계획대로 흘러가지 않는다. 그럴 때 필요한 건 처음 전략을 고수하는 용기가 아니라, 전략을 고치는 민첩함이다. 서울의 한 리빙 브랜드는 신제품 출시와 함께 '프리미엄 고급화 전략'을 내세웠다. 원재료부터 포장, 브랜드 문구까지 모두 고급스럽게 포지셔닝했고, 가격도 기존 제품의 1.5배 수준으로 설정했다. 초반 반응은 나쁘지 않았다. 사람들이 "예쁘다", "고급스럽다"고 말했지만, 막상 판매는 기대보다 훨씬 낮았고, 후기에도 '가격 대비 아쉬움'이라는 말이 반복되었다. 이 브랜드는 한 달 만에 전략을 전면 수정했다. 처음 의도했던 방향이 틀렸다는 걸 빠르게 인정하고, 더 빠르게 바꿨기 때문에 사업 전체가 무너지지 않을 수 있었다.

전략은 발표가 아니라 실행을 통해 검증되는 과정이다

이 브랜드는 전략 발표 당시 "이제 우리도 프리미엄 시장으로 가야 한다"는 확신을 갖고 있었다. 경쟁사의 사례와 마켓 트렌드 분석까지 모두 갖췄고, 내부 팀도 그 방향에 동의했다. 그러나 시장은 다르게 움직였다. '비싸지만 만족스럽다'가 아닌, '애매하게 비싸고 애매하게 고급스럽다'는 인식이 퍼졌다. 그때 브랜드는 자존심을 내려놓고 물었다. "이 전략, 진짜 맞았을까?" 전략은 아이디어가 아니라 실행 결과를 통해 검증된다. 고객이 느끼는 혼란, 현장에서 반복되는 불만, 전환되지 않는 반응은 모두 신호다. 그 신호를 무시하면 손실은 커지고, 전략을 수정할 기회는 멀어진다.

이 작은 전환이 고객의 감정에 제대로 닿았고, 매출은 다시 움직이기 시작했다

이 브랜드는 두 번째 달부터 메시지를 완전히 바꿨다. '프리미엄'을 강조하는 대신, '디자인과 실용의 균형'을 내세웠고, 가격도 소폭 인하했다. 인스타그램 콘텐츠도 '공간 분위기를 바꾸는 작은 아이디어'로 바뀌었고, 후기 공유 이벤트를 통해 고객 경험을 중심에 두었다. 바뀐 전략은 고객의 반응을 끌어냈고, 매출은 다시 오르기 시작했다. 처음의 전략을 고쳤다는 사실이 브랜드를 흔들지 않았고, 오히려 반응하는 브랜드라는 인식을 만들었다. 전략은 고집보다 반응이 중요하다.

틀린 전략을 빠르게 고치는 것이 결국은 성공의 가장 빠른 길이 된다.

전략 수정은 증거가 아니라 감각에서 시작된다

많은 사람들이 전략을 바꾸기 전에 완벽한 증거를 원한다. 수치가 충분히 나빠지거나, 시장 반응이 명확해지기 전까진 움직이지 않는다. 하지만 이 브랜드는 전략 수정을 '의심에서부터 시작'했다. 제품 출시 첫 주부터 고객센터에 들어온 1:1 문의와 상담 기록에서 반복되는 단어의 패턴을 읽었고, 판매 현장의 체감, 매장 직원의 이야기, SNS 댓글 분위기까지 포함해 전략을 재조정했다. 전략이 틀렸다는 확실한 수치는 없었지만, 분위기와 흐름을 감지하고 먼저 손을 댔다. 잘못된 전략을 바꾸는 데 필요한 건 근거가 아니라 관찰력과 빠른 직감이다. 데이터는 나중에 따라오지만, 반응은 지금 나타난다.

전략을 바꿀 때는 '기조'보다 '핵심 감정'을 살린다

이 브랜드가 전략을 바꿀 때 완전히 다른 브랜드처럼 행동하진 않았다. 포지셔닝을 낮추는 대신, 고객이 원했던 감정은 그대로 유지했다. 여전히 제품은 '예뻐야' 했고, '조금 특별한 느낌'이 있어야 했지만, 그 특별함이 과하지 않게 조율되었다. 전략을 수정한다는 건 방향을 완전히 틀어버리는 것이 아니라, 고객이 느끼는 핵심 감정을 유지하면서 접근 방식을 다르게 설계하는 일이다. 실패한 전략에서 성공의 실마리를 가져오는 방식이다. 바꾸는 건 수단이지, 브랜드의 핵심 감정이 아니다.

늦은 전략 수정은 브랜드 신뢰를 무너뜨린다

만약 이 브랜드가 '우리의 전략은 맞다'며 6개월을 고집했다면 어땠을까. 고객은 외면했을 것이고, 팀은 전략에 대한 믿음을 잃었을 것이며, 마케팅비만 낭비했을 것이다. 잘못된 전략은 오래 붙잡고 있을수록 손실은 기하급수적으로 커진다. 빠르게 바꾸면 전략이지만, 늦게 바꾸면 책임이 된다. 브랜드가 시장에서 살아남기 위해 필요한 것은 한 번의 완벽한 전략이 아니라, 잘못된 전략을 빠르게 수정할 수 있는 감각과 구조다.

전략은 처음에 틀릴 수 있다.

중요한 건 그 사실을 얼마나 빨리 눈치채고, 얼마나 자연스럽게 바꿀 수 있느냐다. 전략을 바꾸는 건 실패가 아니라, 반응이고 유연함이며 생존이다. 처음의 전략을 오래 붙잡는 것보다, 빠르게 고치고 다음을 설계할 수 있는 팀이 결국 이긴다.

04

피드백 루프 만들기

전략은 한 번 짜고 끝나는 것이 아니다. 실행되는 동안에도 계속 점검하고 조정해야 한다. 이때 가장 핵심적인 구조가 바로 '피드백 루프'다. 피드백 루프란 단순히 '반응을 수집한다'는 개념을 넘어, 정보가 실시간으로 들어오고, 그것이 전략 조정으로 이어지며, 다시 실행에 반영되는 순환 구조를 말한다. 서울의 한 SaaS 스타트업에서는 신규 기능을 개발하고도 고객 반응이 생각보다 저조하자, 단순한 고객 만족도 조사만으로는 한계가 있다는 걸 절감했다. 그래서 이들은 아예 전사 차원에서 피드백 루프 시스템을 만들기로 했다. 이 루프를 만들면서 전략은 점점 현실과 맞물리기 시작했고, 예상치 못한 문제도 조기에 수정되며 결과적으로 더 나은 방향으로 성장할 수 있었다.

피드백은 모을 게 아니라 흐르게 만들어야 한다

많은 팀이 피드백을 '정기적으로 수집하는 것'으로 끝낸다. 설문지, 만족도 평가, 내부 회고 같은 방식은 수동적이다. 이 스타트업은 피드백을 모으는 게 아니라 흘러가게 하는 시스템을 만들었다. 고객이 어떤 기능을 이용한 뒤 바로 화면에 "이 기능은 어땠나요?"라는 3초짜리 질문이 뜨고, 응답은 슬랙 채널과 연동되어 실시간으로 각 팀에게 도착했다. 누구도 보고서를 기다릴 필요가 없었고, 마케팅, 개발, 기획팀 모두가 같은 반응을 동시에 확인할 수 있었다. 피드백은 멈춰 쌓아두는 것이 아니라, 조직 안에서 자연스럽게 '흐르게' 설계해야 한다.

반응이 모이면 바로 점검하는 구조

그들은 단순히 피드백을 확인하는 데서 그치지 않고, 주 단위 회의에서 '반응 분석'만 따로 다루는 시간을 만들었다. "이번 주 들어온 피드백 중 반복되는 건?", "특정 기능에서 불만 비율이 높았던 이유는?" 같은 질문을 기반으로, 전략의 방향과 실행 방식을 재조정했다. 이 회의는 길지 않았지만 전략이 현실에서 벗어나지 않게 만드는 고정된 점검 장치가 되었다. 피드백 루프가 작동하려면, 반응을 수집하는 구조와 함께 바로 점검하고 논의할 수 있는 리듬이 필요하다. 그 리듬이 없으면, 피드백은 그냥 쌓이기만 한다.

사용자의 말보다 행동을 피드백으로 삼는다

고객은 때로 말과 행동이 다르다. 만족한다고 말하면서 다시는 사용하지 않거나, 불만을 말하면서도 꾸준히 사용한다. 이 스타트업은 사용자 행동 데이터를 피드백으로 해석하는 구조를 루프에 포함시켰다. 예를 들어 어떤 버튼이 눌리지 않는다면 기능 설명이 부족한 것인지, 위치가 문제인지, 아니면 아예 필요 없는 기능인지 분석했다. 숫자는 감정보다 정직하다. 사용자의 말은 주관적일 수 있지만, 사용자의 클릭, 머무는 시간, 이탈 시점은 객관적 데이터로 피드백 루프에 넣어야 한다. 루프는 다양할수록 정확해진다. 말뿐 아니라 행동까지 포함된 루프는 전략 수정의 정확도를 높인다.

팀 전체가 피드백을 읽을 수 있게 해야 한다

전략은 특정 부서에서만 움직이는 게 아니다. 실행은 전 부서에서 동시에 이뤄지고, 피드백 루프 역시 팀 전체가 함께 읽고 해석할 수 있어야 한다. 이 회사는 각 팀마다 전용 슬랙 채널을 운영했지만, 피드백 관련 채널은 부서 구분 없이 열려 있었다. 고객 반응 하나에 대해 디자이너는 UI 관점에서, 마케터는 메시지 전달 관점에서, 개발자는 기능 안정성 관점에서 다르게 접근할 수 있었고, 이런 다층적인 해석이 전략을 다듬는 데 큰 역할을 했다. 피드백 루프는 조직 전체가 함께 써야 하는 도구다. 특정 부서만 해석할 수 있다면, 그건 루프가 아니라 벽이다.

루프는 빠를수록, 작을수록 강하다

이 스타트업은 전략을 세울 때 대규모 회의보다는 빠르고 짧은 점검과 조정 과정을 선호했다. 기능 하나가 출시되면 3일 안에 반응을 체크하고, 필요하면 그 주 안에 수정하거나 다음 주 계획에 반영했다. 이 짧은 루프 덕분에 전략은 언제든 바뀔 수 있었고, 실험과 학습이 반복되며 전략이 정교해졌다. 루프는 크면 무겁고, 느리면 무뎌진다. 피드백 루프는 빠르게 반응하고, 작게 반복될수록 전략을 민첩하게 만든다. 한 번의 완벽한 전략보다, 열 번의 빠른 조정이 더 강하다.

전략을 제대로 점검하고 개선하려면, 단순한 보고 체계나 정기 회의로는 부족하다.

피드백이 자동으로 흐르고, 바로 논의되고, 곧바로 실행되는 구조, 이게 바로 살아 있는 전략을 만드는 피드백 루프다.

전략은 말이 아니라 반응으로 검증되고, 그 반응이 전략을 다시 다듬을 수 있을 때 비로소 성장한다.

05

계속 쓰일 전략 vs 지금만 쓰는 전략

전략은 언제나 효과를 기대하며 세운다. 하지만 시간이 지나면 어떤 전략은 계속 쓰이고, 어떤 전략은 한 번 쓰이고 사라진다. 겉보기엔 비슷한 전략이라도, 그 안에 담긴 성격은 전혀 다르다. 전략을 평가할 때 "잘 먹혔다"는 말만으로는 부족하다. 그 전략이 시간이 지나도 다시 사용할 수 있는가, 아니면 그때 상황에서만 통했던 일회성 전략이었는가, 이걸 구분할 줄 알아야 진짜 전략적인 시선을 갖게 된다. 서울의 한 로컬 커피 브랜드는 오픈 초반 '1+1 무료 이벤트'로 고객을 빠르게 끌어모았다. 결과는 성공적이었다. 며칠도 되지 않아 매장 앞에 줄이 생겼고, SNS에 해시태그가 퍼지며 지역 내 화제가 되었다. 하지만 두 달 후, 그 전략을 다시 써보려 했을 땐 아무 반응이 없었다. 같은 전략인데 왜 이렇게 달라졌을까. 이 브랜드는 그제야 계속 쓸 전략과 지금만 쓸 전략의 차이를 고민하기 시작했다.

즉시 반응 전략은 강력하지만 오래 가지 않는다

이벤트나 캠페인 중심의 전략은 즉시 반응을 끌어내는 데 매우 효과적이다. 가격 할인, 경품 추첨, 한정 수량 마케팅은 단기적으로 고객의 발걸음을 이끌어내지만, 그 효과는 반복될수록 떨어지고, 브랜드에 남는 건 많지 않다. 이 커피 브랜드 역시 초반 이벤트는 성공했지만, 그 전략은 '처음 온 손님'을 대상으로 설계된 것이었다. 같은 지역, 같은 사람들에게 또다시 같은 방식으로 접근하자, "또 시작이네"라는 반응만 돌아왔다. 즉시 반응 전략은 순간의 파급력은 크지만, 브랜드의 기반을 쌓는 데는 약하다. 지금만 쓰는 전략은 한 번의 타격은 있지만, 방향을 만들지 못한다.

계속 쓰일 전략은 시스템이 된다

이 브랜드는 그 이후 전략의 방향을 바꾸었다. 대신 '월간 원두 구독 프로그램'을 만들었다. 매달 새로운 농장 원두를 소개하고, 그 원두에 어울리는 브루잉 레시피를 함께 전달했다. 단골 손님들에게는 "이번 달 원두는 어땠어요?"를 물었고, 피드백을 기반으로 다음달 구성을 바꿨다. 이 전략은 이벤트처럼 폭발적인 반응은 없었지만, 꾸준히 반복되며 브랜드의 정체성을 만들었고, 운영 시스템의 일부로 자리 잡았다. 계속 쓸 수 있는 전략이란, 그 자체로 브랜드의 구조를 바꾸고, 행동의 리듬을 만드는 전략이다. 일회성 전략은 반응을 만들지만, 시스템 전략은 브랜드를 만든다.

지속 가능한 전략은 '왜'가 명확하다

계속 쓸 수 있는 전략은 목적이 명확하다. 단지 눈길을 끄는 게 아니라, 고객과 관계를 만들고, 경험을 설계하고, 브랜드의 철학을 전하는 전략이다. 이 커피 브랜드는 구독 프로그램 외에도 '월간 커피 클래스'를 시작했다. 커피를 좋아하는 고객에게 더 깊이 있는 체험을 제공하면서, 자연스럽게 브랜드의 세계관을 확장해갔다. 이 전략은 매출에 직접적인 영향을 주진 않았지만, 재방문율과 소개 비율을 꾸준히 끌어올렸다. 전략의 성패는 숫자가 아니라 반복 가능성과 의미의 축적에서 가늠할 수 있다. **그 전략이 다시 써도 괜찮은가? 그 전략이 고객의 기억 속에 가치로 남는가?** 이런 질문에 답할 수 있어야 진짜 전략이다.

일회성 전략도 필요하지만, 맥락 안에 넣어야 한다

그렇다고 모든 전략이 시스템이어야 한다는 건 아니다. 지금만 통하는 전략도 분명 필요하다. 신제품 출시, 시즌 프로모션, 긴급 대응 전략은 그 순간에 맞춰 강력하게 작동할 수 있다. 문제는 그런 전략이 브랜드의 맥락 없이 무작정 반복될 때다. 이 브랜드는 이후 일회성 전략을 쓸 때도 '맥락' 안에 넣었다. 예를 들어 크리스마스 시즌엔 '1일 1브루'라는 타이틀로 일주일 동안 다양한 커피를 소개하는 한정 메뉴 이벤트를 기획했는데, 이 역시 평소 구독 프로그램에서 확장된 방식이었다. 즉시 반응을 노리되, 브랜드가 하고 있는 이야기 속에 끼워 넣은 것이다. 전략은 독립적으로 존재할 수 없다. 계속 쓰이든, 지금만 쓰이든, 전체 흐름 안에서 설계돼야 의미가 생긴다.

지속 가능한 전략은 내부도 바꾼다

계속 쓸 수 있는 전략은 외부 반응뿐 아니라 내부의 일하는 방식을 바꾼다. 구독 전략을 이어가며 이 브랜드의 매장 직원들도 커피에 대해 더 자주 대화하게 되었고, 고객 피드백을 기록하는 루틴이 생겼으며, 새로운 원두에 대한 공부와 테스트도 자연스럽게 진행되었다. 즉, 전략이 시스템이 되면 조직의 언어와 행동까지 바뀌기 시작한다. 이게 진짜 전략의 힘이다. 외부 반응만이 아니라, 내부의 흐름까지 바꾸는 전략만이 오래간다. 지금만 반짝하고 끝나는 전략은 사람도 남기지 못한다.

전략은 반드시 구분되어야 한다.

한 번만 써도 되는 전략과, 계속 써야만 효과가 커지는 전략.

둘 다 필요하지만, 역할이 다르고 쓰임이 달라야 한다.

지속 가능한 전략은 브랜드의 구조와 문화가 되고, 지금만 쓰는 전략은 타이밍과 메시지를 중심으로 설계되어야 한다.

전략을 세운다는 건, 이 둘을 구분하고 적절히 섞을 줄 아는 감각을 갖는 것이다.

그렇다면 '계속 쓸 전략'과 '지금만 쓸 전략'은 무엇이 다를까?

겉보기에는 둘 다 괜찮아 보일 수 있지만, 시간이 흐르면서 전략의 내구성이 드러난다.

전략의 수명을 판단하려면 단순히 성과만 보지 말고, 전략이 작동하는 원인이 '일시적 환경'에 있는지, 아니면 구조적 흐름'에 있는지를 봐야 한다.

전략의 수명을 판단하는 4가지 질문

1. 이 전략이 고객의 일시적 반응을 노리는가, 아니면 지속적인 니즈에 기반하는가?
2. 환경(트렌드, 경쟁사, 기술 등)이 바뀌어도 이 전략은 여전히 작동할 수 있는가?
3. 시간이 지날수록 전략의 비용 대비 효과가 유지 혹은 증가하고 있는가?
4. 팀이 이 전략을 반복 실행할수록 숙련도와 효율이 올라가고 있는가?

5장

전략가의 사고방식

전략적으로 생각한다는 것의 의미

전략적으로 생각한다는 말은 자주 들리지만, 막상 "그게 뭔데요?"라고 물으면 명확하게 설명하기 어렵다. 계획을 잘 세우는 일일까? 머리가 좋은 사람들만 할 수 있는 걸까? 데이터를 다루는 능력일까? 사실 전략적 사고란 거창한 능력이 아니라, 지금 보이는 상황을 한 발 더 멀리서, 넓게, 깊게 바라보는 시선의 기술이다. 전략적으로 생각하는 사람은 눈앞의 문제를 해결하는 데 그치지 않고, 그 문제가 왜 생겼는지, 다른 방식은 없었는지, 지금 선택이 미래에 어떤 결과를 만들지를 함께 고민한다. 서울의 한 작은 패션 브랜드 운영자는 바로 이런 전략적 시선으로 브랜드의 위기를 기회로 바꿔낸 경험이 있다. 그 이야기는 전략적 사고가 무엇인지 가장 실감 나게 보여준다.

전략적으로 생각하는 사람은 '질문을 달리한다'

이 브랜드는 어느 날 SNS 팔로워 수는 늘고 있지만 매출은 오히려 줄고 있다는 문제에 직면했다. 많은 사람이라면 "왜 안 팔리지?", "광고 예산이 부족한가?", "할인을 해야 하나?"라고 반응했을 것이다. 하지만 브랜드 운영자는 질문을 달리했다. "이 사람들은 왜 우리 계정을 팔로우했을까?", "우리가 보여준 콘텐츠와 실제 제품은 같은 이야기를 하고 있었나?", "팔로워의 기대와 제품의 전달 방식 사이에 괴리가 있었던 건 아닐까?" 질문이 달라지자 분석의 방향도 바뀌었다. 고객들은 브랜드의 감성 콘텐츠를 좋아했지만, 제품은 단순히 '이쁜 옷'에 그치고 있었다. 즉, 사람들이 기대한 건 '취향의 표현'이었지만, 실제 전달된 건 '일반적인 상품'이었다. 이 간극이 전략의 핵심 문제였고, 질문을 바꾸는 순간 문제가 다시 보이기 시작했다.

전략적 사고는 '결정'보다 '맥락'을 본다

그는 제품 기획을 다시 정리했다. 예쁜 옷을 만드는 대신, '감정이 담긴 룩'을 제안하는 콘셉트로 전환했고, 콘텐츠와 제품 설명, 포장 방식까지 하나의 이야기로 통일했다. 단순히 "이 옷은 예뻐요"가 아니라, "이 룩은 월요일 아침의 기분 같은 옷이에요"라고 표현하기 시작했다. 이 변화는 단기간의 매출 상승으로는 바로 이어지지 않았지만, 브랜드에 대한 고객의 충성도와 반복 구매율은 점차 높아졌다. 전략적으로 생각한다는 건 '이게 좋을까 나쁠까'를 따지는 게 아니라, 지금 결정이 어떤 맥락에서 의미를 가지는지를 보는 것이다. 눈앞의 숫자만이 아니라, 전체 흐름에서 이 결정이 어떤 파장을 만들지를 먼저 떠올릴 줄 아는 사람이 전략가다.

전략적 사고는 '반응'이 아닌 '방향'을 설계한다

많은 사람이 일하면서 즉각적인 반응에 휘둘린다. 고객이 뭐라고 했는지, 경쟁사가 뭘 했는지, 오늘 수치가 어땠는지에 따라 방향을 바꾼다. 하지만 전략적으로 생각하는 사람은 하루 단위의 변화에 반응하기보다, 그 변화들이 모여 어떤 흐름을 만들지를 바라본다. 이 브랜드 운영자는 "지금 이 전략이 고객에게 안 맞는 걸까, 아니면 아직 도달하지 않은 걸까?"를 자문했다. 피드백에 즉각적으로 반응하기보다, 데이터를 일정 기간 쌓아서 추세를 분석했고, 그 안에서 전략을 수정할 타이밍과 규모를 판단했다. 반응은 빠르지만 가볍고, 방향은 느리지만 단단하다. 전략적 사고는 방향을 세우고, 그 방향에 따라 반응을 관리하는 사람의 시선이다.

전략가는 선택보다 '우선순위'를 만든다

전략적으로 생각하는 사람은 '모든 걸 다 잘하려고 하지 않는다.' 오히려 지금 가장 중요한 건 무엇이고, 그걸 위해 다른 걸 내려놓아야 한다는 걸 명확히 안다. 이 브랜드도 그런 순간이 있었다. 제품 퀄리티를 더 끌어올리고 싶었지만, 생산 단가와 유통 속도, 고객의 수용선 사이에서 우선순위를 재조정해야 했다. 그는 '완벽한 옷'이 아니라 '브랜드 감성과 가장 어울리는 소재'를 기준으로 선택했고, 포장이나 배송보다는 메시지와 디자인 정리에 집중했다. 전략적 사고는 수많은 가능성 앞에서 망설이기보다, 지금 무엇이 본질인지를 찾아내는 사고방식이다. 우선순위는 전략의 축이다. 전략가는 결정을 빨리 내리는 사람이 아니라, 우선순위를 명확히 잡는 사람이다.

전략적 사고는 현실에 뿌리를 둔 상상력이다

마지막으로, 전략적으로 생각한다는 건 단순히 분석을 잘한다는 뜻이 아니다. 전략적 사고는 냉정한 데이터 해석과 동시에, 그 위에 현실적인 상상력을 더하는 작업이다. 이 브랜드는 소비자의 반응을 보며, 향후 트렌드를 미리 예측하고, 제품 생산 일정을 당기거나 디자인을 조금씩 조정했다. 상상은 막연한 미래 예측이 아니라, 지금 보이는 조짐에서 방향을 읽어내는 기술이다. 전략가는 숫자 뒤에 사람을 보고, 지금 안 보이는 가능성에 설득력 있게 접근한다. 그래서 전략적 사고는 분석과 감각, 실행과 상상이 함께 작동하는 복합적 사고력이다.

그렇다면 전략적으로 생각한다는 것은 구체적으로 어떤 방식일까?
전략적 사고는 단순한 정보 처리나 아이디어 생산이 아니라, 복잡한 상황을 단순화하고, 핵심 목표를 향한 '최적의 경로'를 설계하는 능력이다. 전략적으로 생각한다는 건, 더 똑똑하게가 아니라 더 구조적으로, 더 방향 있게, 더 비교하며 생각하는 것이다.

정답을 찾는 것이 아니라, 상황에 맞는 최적의 판단을 설계하는 일이다. 전략적 사고는 감각이 아니라 기술이며, 누구나 훈련할 수 있는 능력이다.

다음의 질문들은 전략적으로 사고하기 위한 훈련 도구로 사용할
수 있다.

전략적으로 생각하기 위한 자기 점검 질문 10가지

1. 지금 이 문제의 진짜 원인은 무엇인가?

2. 내가 보고 있는 건 결과인가, 원인인가?

3. 이 결정은 전체 방향과 일치하는가?

4. 지금 필요한 건 속도인가, 방향성인가?

5. 이 전략은 지금만 필요한가, 계속 쓸 수 있는가?

6. 고객의 입장에서는 어떻게 보일까?

7. 실행 가능한 대안을 3개 이상 제시할 수 있는가?

8. 지금의 선택이 나중에 발목을 잡을 가능성은 없는가?

9. 이 판단은 장기적으로 어떤 결과를 남길 것인가?

10. 이 전략을 설명할 수 있는 한 문장이 있는가?

02
문제를 구조로 나눠보는 훈련

전략적으로 사고하기 위한 첫 번째 훈련은 '문제를 나눠보는 능력'이다. 많은 사람은 문제를 보면 곧장 해결책부터 떠올리려 한다. "매출이 줄었네? 그럼 마케팅을 강화해야지.", "고객이 빠지네? 그럼 할인쿠폰을 뿌리자." 이런 반응은 빠르지만, 문제가 왜 생겼는지, 어디에서 발생했는지, 어떤 요소들이 얽혀 있는지를 건너뛴 채 움직이는 판단이다. 전략가는 다르게 본다. 문제 전체를 한 덩어리로 다루지 않고, 작은 조각으로 쪼갠다. 그렇게 구조를 드러내면, 해결해야 할 핵심이 자연스럽게 드러난다. 서울의 한 식음료 브랜드가 겪은 위기의 사례는 이 훈련이 왜 중요한지를 잘 보여준다.

문제를 그냥 보면 커 보이고, 나누면 작아진다

이 브랜드는 어느 날 "최근 고객 반응이 식었다"는 막연한 문제를 인식했다. SNS 반응도 예전만 못하고, 재구매율도 떨어졌으며, 새로운 고객 유입도 줄어들었다. 처음엔 마케팅팀이 위기라고 판단하고 캠페인 재정비에 나섰지만, 기대만큼 반응은 오지 않았다. 그제야 팀은 문제를 다시 보았다. 고객 반응이 식었다는 한 문장을 '구조로' 나누기 시작했다. ① 기존 고객은 왜 빠졌는가, ② 신규 고객은 왜 들어오지 않는가, ③ 브랜드 인지도는 왜 확장되지 않는가. 세 갈래로 나눠보니, 원인이 조금씩 다르게 드러났다. 기존 고객은 메뉴가 지루해졌고, 신규 고객은 진입 경로가 없었으며, 인지도는 경쟁 브랜드의 급부상에 묻히고 있었다. 이제야 문제의 크기가 줄어들기 시작했다. 전략이 가능해지는 순간은, 문제가 작아졌다고 느껴지는 그 지점에서 시작된다.

문제를 구조화한다는 건 레이어를 분리하는 것이다

구조화란 단지 문제를 여러 조각으로 나누는 게 아니다. '영향을 주는 요인'과 '결과로 드러난 현상'을 구분하고, 상호작용하는 관계를 드러내는 일이다. 이 브랜드는 고객 이탈이라는 문제를 다시 세 개의 층으로 나눴다. 첫 번째는 '상품' 레이어, 두 번째는 '경험' 레이어, 세 번째는 '관계' 레이어였다. 상품에서는 메뉴 구성의 다양성, 경험에서는 앱 사용의 편의성, 관계에서는 브랜드 메시지와 고객과의 접점이 있었다. 각각의 층에서 문제의 원인을 분해하면서, 어디에서 손을 대야 효과가 클지 점점 명확해졌다. 구조를 만든다는 건, 혼재된 문제 속에서 우선순위를 뽑아내는 작업이다. 문제의 층을 나누는 순간, 전략은 구체적인 흐름을 갖게 된다.

'왜'보다는 '어디서'를 먼저 따져본다

문제를 해결하려고 할 때 흔히 '왜 이런 일이 생겼을까'를 먼저 묻는다. 하지만 전략적인 접근은 질문을 이렇게 바꾼다. "이 문제는 구조상 어디에서 발생했는가?" 단순히 원인을 묻는 대신, 문제의 지점을 물어보는 방식이다. 이 브랜드는 고객이 빠지는 타이밍을 정확히 측정했다. 첫 구매 이후 3주~4주 차에 반응이 급격히 줄어드는 구간이 있었다. 그 시점에 고객은 더 이상 새 메뉴에 반응하지 않았고, 알림 메시지를 무시하기 시작했으며, 후기를 남기지 않았다. 원인이 아닌 구조의 '틈'이 보인 것이다. 이 구간에 맞춰 제품 추천, 맞춤형 콘텐츠, 리마인드 메시지를 전략적으로 재배치했다. 전략은 원인을 찾기보다 어디에서 끊겼는지를 구조 안에서 찾는 사고 방식에서 시작된다.

문제를 구조로 나누는 건 정답을 찾기 위한 게 아니다

많은 초보 전략가가 구조화에 실패하는 이유는 '정답을 찾기 위해 구조화한다'고 생각하기 때문이다. 하지만 전략적 사고에서 구조화란, 무엇이 중요한지를 찾기 위한 과정이다. 이 브랜드 역시 처음에는 모든 요인을 정리하고, 순서대로 분석하려 했다. 하지만 곧 그 방식이 비효율적이라는 걸 깨달았다. 대신, "이 구조 중에서 어디가 가장 시급한가?", "무엇을 바꾸면 다른 것들이 연쇄적으로 움직일 수 있을까?"를 중심에 두었다. 구조는 틀을 보기 위한 것이 아니라, '시작 지점'을 찾기 위한 지도다. 정답은 없을지 몰라도, 움직일 수 있는 지점은 언제나 존재한다. 구조화는 문제를 푸는 게 아니라, 움직이게 만드는 기술이다.

이 훈련은 습관이 되고, 습관은 전략가를 만든다

처음엔 어려울 수 있다. 문제를 구조로 나눈다는 건 생각보다 시간이 걸리고, 익숙하지 않다. 하지만 반복할수록 사고의 틀이 바뀐다. 일상에서도 "이 일이 왜 어렵지?"가 아니라 "이 안에 어떤 단계들이 있는가?"를 생각하는 훈련이 되고, 업무에서는 "지금 우리가 놓치고 있는 구조의 층은 무엇인가?"를 자연스럽게 물어보게 된다. 이 훈련이 몸에 익으면, 문제를 피하지 않고 분해하고 구성하는 사람, 즉 전략적으로 사고하는 사람이 되어간다. 전략가는 문제를 두려워하지 않는다. 오히려 문제 속에 구조가 있고, 구조 속에 전략의 실마리가 있다는 걸 알기 때문이다.

문제를 구조화한다는 건 단순히 쪼개는 것이 아니라, '전체 맥락 안에서 작동하는 조각들'을 구분하는 작업이다.

가장 많이 쓰이는 방법은 트리 구조(Tree Structure) 혹은 원인-결과 흐름도를 그리는 방식이다. 예를 들어 '고객 이탈률 증가'라는 현상이 있을 때, 이를 직접적인 원인(가격, 서비스 품질, 경쟁사 비교), 간접적 요인(첫인상, 상담 응대, 후기 노출), 외부 환경(시즌 이슈, 경기 상황) 등으로 나누어보면 보이지 않던 연결이 보이기 시작한다.

문제를 나누지 않으면 사람들은 대체로 가장 익숙한 지점만 고친다.

그게 마케팅인지, 제품인지, UX인지 헷갈린다면, 문제의 구조부터 다시 봐야 한다.

구조화는 해결책을 빠르게 찾기 위한 작업이 아니라, 문제를 진짜로 이해하기 위한 전제 조건이다.

훈련법은 간단하다.

어떤 현상이 생겼을 때 "이 안에 뭐가 들어 있지?"라는 질문을 던지고, 3단계로 원인과 연결 지점을 도식화해보는 것이다. 잘 나눈 문제는 이미 절반은 해결된 셈이다.

문제를 구조로 나눈다는 건, 단순히 나누는 게 아니라 '어디서부터 생각을 시작할 것인지'를 결정하는 작업이다.

구조를 보기 시작하는 순간, 전략의 방향도 함께 열린다.

03

'왜?'를 묻는 습관이 전략을 만든다

전략가는 정해진 답을 알고 있는 사람이 아니다. 오히려 누구보다 자주 질문을 던지는 사람이다. 그중에서도 가장 자주 쓰는 질문은 단하나, "왜?"다. 생각보다 많은 조직과 사람들은 '왜 이걸 하고 있는지'를 모른 채 일하고 있다. 처음에 누군가 정한 방식이니까, 늘 그래왔으니까, 남들도 다 그렇게 하니까. 전략은 그런 관성을 멈추게 하는 질문에서 시작된다. '왜?'를 묻는 순간, 행동은 이유를 찾아야 하고, 구조는 재검토되며, 방향은 다시 설계된다. 서울의 한 라이프스타일 편집숍은 이 단순한 질문 하나로 전환점을 맞이했다. 겉보기엔 잘 돌아가던 매장에서, 어느 날 매출이 정체되고 있었다. 문제는 드러나지 않았지만, 점점 고객이 줄고, 재방문율도 떨어졌다. 이때 대표가 팀에 던진 질문은 단순했다.

"왜, 요즘은 잘 안 팔릴까?"

'왜'를 묻는 순간, 당연했던 것들이 흔들리기 시작한다

이 질문을 받은 팀은 처음엔 상품 구색, 계절 변화, 날씨, 트렌드 같은 표면적 요인을 언급했다. 하지만 대표는 다시 물었다. "그럼 그 요인은 작년에도 있었는데, 그땐 왜 괜찮았을까?", "고객은 지금 왜 다시 오지 않을까?", "그들이 여기 와서 느끼는 건 이전과 뭐가 달랐을까?" 질문이 반복되자, 하나씩 관찰이 시작되었다. 고객의 동선, 머무는 시간, 둘러보는 제품, 잘 보이지 않는 계산대 위치, SNS 반응, 직원들의 응대 방식까지 전반적인 흐름이 다시 점검되었다. 결국 팀은 하나의 사실에 도달했다. 공간이 예전보다 '추천하지 않게' 되었다는 것. 기존 고객들은 이 공간을 '누군가 데려오고 싶은 곳'이라 느꼈지만, 최근 들어선 그 감정이 흐릿해지고 있었다. '왜'를 반복해서 묻지 않았다면 절대 도달할 수 없던 통찰이었다.

질문은 분석보다 관찰을 이끌어낸다

많은 전략이 숫자와 보고서에서 시작되지만, 진짜 전략은 눈으로 직접 보는 데서 시작된다. 이 브랜드는 '왜 고객이 줄었는가'라는 질문에 답하기 위해, 하루에 몇 명의 고객이 매장 입구에서 멈췄다가 다시 나가는지를 직접 세기 시작했다. 상품 배열을 바꿔보고, 음악을 다르게 틀고, 향을 바꾸고, 조명을 조정하면서 반응을 관찰했다. 단순히 데이터를 모으는 것이 아니라, 질문에 대해 몸으로 부딪히며 관찰하는 과정 자체가 전략을 만드는 힘이 되었다. 전략은 수치가 아니라, '이게 왜 이렇게 되는 거지?'라는 끝없는 호기심에서 자라난다.

질문은 논쟁을 낳지 않고, 방향을 열어준다

'왜 이걸 해야 하죠?'라는 질문은 때때로 회의에서 도발적으로 들릴 수 있다. 하지만 잘 던진 '왜'는 사람들의 판단을 흔드는 게 아니라, 생각의 방향을 다시 열어준다. 이 브랜드 팀도 초반엔 방어적으로 반응했다. "지금 잘못된 건 없어요", "할 수 있는 건 다 했어요" 같은 말이 오갔다. 그런데 대표가 다시 이렇게 말했다. "그럼 우리가 지금 하고 있는 것 중에서, 안 해도 되는 건 뭐죠?" 이 질문은 정답을 요구하지 않았다. 대신 하나의 틈을 만들었다. 그렇게 팀은 마케팅 방식, 제품 설명, 인스타그램 콘텐츠를 하나씩 점검했고, 고객의 관심사가 이미 달라졌음을 인정하게 되었다. 질문은 누군가를 몰아붙이는 게 아니라, 멈춰서 돌아보게 만드는 도구다.

질문은 전략의 순서를 바꾼다

기존 전략이 **"무엇을 할 것인가"**에서 시작된다면, 전략적인 접근은 **"왜 이걸 해야 하는가"**에서 시작된다. 이 브랜드는 결국 제품 라인을 전면적으로 재정비하면서도, '왜 이걸 넣는가', '왜 이걸 뺄 수 없는가'를 기준으로 결정했다. 상품의 수익성, 브랜드 정체성, 고객의 반복 언급, 매장 내 동선, 비주얼 통일성 등 각 요소의 '존재 이유'를 묻는 과정 자체가 전략의 순서를 바꿨다. 더 중요한 건, 팀 전체가 어떤 판단을 내릴 때마다 '왜 지금 이걸 하나요?'라는 질문을 습관처럼 주고받게 된 것이다. 전략은 계획보다 사고의 순서에서 나온다. 질문을 바꾸면 전략의 구조가 달라진다.

'왜'를 묻는 사람은 끝까지 책임지게 된다

마지막으로 중요한 건, 질문은 책임을 요구한다는 점이다. 한 번 '왜 그랬지?'라고 묻기 시작하면, 문제를 피해갈 수 없게 된다. 이 브랜드 대표는 이렇게 말했다. "질문을 던진 순간, 이제 그 이유를 찾는 사람은 나야." 전략가는 그렇게 만들어진다. 궁금해하는 사람은 끝까지 가고, 전략은 그 끝에 서 있다. 질문이 없으면 책임도 없다. 반대로, 질문이 많아질수록 전략은 더 깊어지고 현실은 더 단단해진다.

전략은 답에서 시작되지 않는다.

"왜 이걸 하지?", "왜 이건 이렇게 됐지?", "왜 아무도 이걸 말하지 않지?" 이런 질문이 반복되는 사람에게 전략이 찾아온다.

'왜'를 묻는다는 건 현상을 가르는 힘이자, 방향을 새로 설계하는 지적 용기다.

전략은 해결책보다, 좋은 질문에서 먼저 태어난다.

전략은 선택을 명확하게 해준다

전략이란 복잡한 환경 속에서 무엇을 할 것인가보다, 무엇을 하지 않을 것인가를 정해주는 도구다. 많은 조직과 개인이 수많은 가능성과 선택지 속에서 길을 잃는다. 좋고 나쁜 선택이 아니라, 모두 괜찮아 보이는 선택 중 하나를 골라야 하는 상황일 때, 전략은 그 혼란을 정리해준다. 전략이 있으면 판단이 빨라지고, 결정의 기준이 생기며, 갈등이 줄어든다. 서울의 한 디저트 프랜차이즈 브랜드는 신메뉴 출시를 앞두고 있었다. 과일 디저트, 곡물 디저트, 고급 생크림 계열까지 다양한 기획안이 올라왔고, 개발팀 내부는 어떤 것도 포기할 수 없다는 분위기였다. "다 좋아요, 다 해보고 싶어요." 하지만 대표는 회의 도중 이렇게 말했다. "우리가 작년부터 외치고 있는 전략이 뭐였죠?"

전략은 모든 가능성 중에서 길을 고르게 해준다

이 브랜드는 '일상 속 특별함'이라는 콘셉트를 중심으로 재정비 중이었다. 고객이 무심코 지나가는 카페에서 특별한 기분을 느끼도록 만들자는 취지였다. 이 전략을 되새기자, 자연스럽게 결정이 났다. 곡물 디저트는 콘셉트에 맞지 않았고, 고급 생크림 라인은 브랜드 이미지보다 지나치게 고급화된 방향이었다. 결국, 시각적으로도 감성적으로도 기억에 남을 만한 과일 디저트가 선택되었다. 전략은 선택을 제한하는 도구가 아니라, 불필요한 가능성을 덜어내는 기준이다. 전략이 명확하면, '왜 이걸 선택하는지'보다 '왜 다른 건 하지 않는지'가 분명해진다.

선택이 명확해야 실행이 빨라진다

전략이 없으면 모든 선택 앞에서 고민이 길어진다. 아이디어는 많고, 회의는 길어지고, 모두가 서로 다른 방향을 주장하면서 결론은 나지 않는다. 이 브랜드는 과거에도 비슷한 상황에서 여러 메뉴를 동시에 출시한 적이 있었다. 결과는 기대 이하였다. 고객은 혼란스러워했고, 매장 직원들도 준비와 설명에 지쳤다. 그래서 이번에는 전략을 중심으로 단 하나의 방향에 집중하기로 했다. 전략은 속도를 높여준다. 길이 명확하면 움직임이 빠르다. 다 해보는 게 아니라, 이것만 한다고 정한 순간 실행은 구체화되고, 리소스는 집중된다. 전략은 아이디어를 좁히는 것이 아니라, 실행을 명확하게 설계해주는 기술이다.

선택을 명확하게 하지 않으면 브랜드는 흔들린다

그 디저트 브랜드는 한동안 너무 다양한 시도를 하면서 고객에게

'이 브랜드는 무엇을 하는 곳인가?'라는 의문을 남겼다. 디저트 맛은 괜찮았지만, 브랜드의 인상이 흐릿했고, 고객들은 매장에서 매번 전혀 다른 분위기를 경험했다. 전략 없이 움직일 때 가장 큰 리스크는 일관성이 사라진다는 점이다. 어떤 콘셉트인지, 어떤 메시지를 말하고 싶은지, 무엇을 고수하는 브랜드인지가 보이지 않으면, 고객은 그 브랜드를 기억하지 못한다. 전략은 단지 내부 의사결정의 기준일 뿐 아니라, 외부에 보이는 정체성을 지탱하는 뼈대다. 전략이 있으면 말이 단순해지고, 정체성이 또렷해진다.

전략은 선택의 이유를 팀 전체에 공유하게 해준다

이 브랜드는 메뉴 개발 외에도 매장 인테리어, 유니폼, 포장 디자인까지 전반적으로 전략에 맞춰 조정했다. 중요한 건 그것들이 위에서 일방적으로 내려온 지시가 아니라, 전략의 방향에 기반한 합의였다는 점이다. "이건 우리 전략에 맞지 않잖아요." 팀원들 스스로 그렇게 말할 수 있었고, 반대로 "이건 지금 전략을 더 강화하는 선택이에요"라는 말로 새로운 아이디어를 설득할 수 있었다. 전략은 아이디어를 선별하고 우선순위를 정할 수 있게 할 뿐 아니라, 선택의 기준을 공유함으로써 팀의 정렬을 돕는다. 모두가 같은 방향을 보고 있을 때 선택은 힘이 생긴다.

전략이 없는 선택은 이유가 없고, 전략이 있는 선택은 방향이 남는다

결국 그 브랜드는 과일 디저트를 내세우면서 '시즌 한정 감정 메뉴'

라는 콘셉트로 소량만 운영했고, 매장은 빠르게 회전되었으며, 고객의 후기 반응도 브랜드가 원하던 감성에 가까웠다. 제품 그 자체보다 더 큰 수확은, 팀 전체가 하나의 메시지를 공유했다는 감각이었다. 전략이 있으면, 결정에 이유가 생기고, 결정이 실패하더라도 방향은 남는다. 그 방향은 다음 전략을 다시 세울 때 중요한 힌트가 된다. 전략은 선택을 단단하게 만들어주고, 선택 이후의 행동까지 이어주는 토대가 된다.

전략은 선택지를 줄이는 것이 아니라 선택의 망설임을 줄여주는 기술이다.

무엇을 고를지 몰라 우왕좌왕할 때, 전략은 "우리가 누구인지"라는 기준으로 '해야 할 일'과 '하지 않아도 될 일'을 나눠준다.

그 기준이 바로 실행의 출발선이고, 전략가는 늘 그 자리에서 선택을 돕는 사람이다.

하지만 많은 조직이 전략 없이 선택하려 할 때 가장 흔히 빠지는 오류가 있다. "모든 걸 다 잡으려는 선택"을 한다는 점이다.

고객도 놓치지 않고, 비용도 줄이면서, 브랜드 이미지도 높이고, 매출도 올리겠다는 식이다.

겉보기에 욕심이 아니라 '균형'처럼 보이지만, 전략 없이 이루어지는 선택은 결국 실행력이 분산되고, 메시지가 흐려지는 결과로 이어진다.

서울의 한 로컬 패션 브랜드는 초기에 '모두를 위한 디자인'을 내세웠다. 트렌디하지만 대중적이고, 가격은 합리적이면서 고급스러운 느낌까지 전달하길 원했다.

결과는 어땠을까? 고객은 "예쁜데 뭐가 다르지?"라는 반응을 보였고, 차별화 포인트가 없어 경쟁 브랜드 사이에 묻혀버렸다.

결국 이 브랜드는 '단 한 가지 컨셉'을 남겼다.

"서울의 날씨를 디자인하는 브랜드."

그 이후부터는 계절과 날씨를 테마로 룩북을 구성하고, 제품 설명도 '기온과 습도'를 중심으로 정리했다.

이처럼 전략이 선택을 명확하게 해주는 순간, 고객의 기억에도 선택 기준이 새겨진다.

전략은 포기하는 기술이자, 우선순위를 말로 정리하는 기술이다.

실행이 헷갈린다면 아직 전략이 명확하지 않은 것이다.

전략이 존재할 때, 선택은 망설임이 아니라 확신이 된다.

전략은 더 잘하기 위한 기술이 아니라, 덜 흔들리기 위한 나침반이다.

생각을 도식화하면 전략이 보인다

전략이 머릿속에만 있을 때는 항상 복잡하게 느껴진다. 이 문제도 중요하고, 저 변수도 신경 쓰여서 결국 어디서부터 손을 대야 할지 모르게 된다. 하지만 그것을 종이 위에 한 번 그려보는 순간, 생각이 구체적이고 선명해진다. 머릿속에 흩어져 있던 요소들이 연결되고, 빈칸이 보이고, 흐름이 생긴다. 전략가들은 그래서 말을 하기 전에 종이를 꺼내고, 글을 쓰기보다 먼저 그림을 그린다. 이건 디자인이 아니라 '생각의 구조를 눈으로 확인하는 작업'이다. 서울의 한 IT 교육 스타트업은 내부 구조가 꼬이고 커뮤니케이션에 문제가 생기자, 이 단순한 시각화 작업 하나로 해결의 실마리를 찾았다.

도식화는 전략을 '보이게' 만든다

이 스타트업은 여러 부서가 협업해야 하는 구조였지만, 실제로는 각 팀이 따로 움직이며 일의 흐름이 단절되고 있었다. 전략은 있었지만, 모두가 그 전략을 다르게 해석하고 실행하고 있었다. 이때 팀장은 각 부서의 업무 흐름을 화이트보드에 하나씩 도식화했다. 고객이 사이트를 처음 방문해서 수업을 수강하기까지 어떤 단계가 있는지, 각 단계에서 어떤 팀이 어떤 액션을 취하는지를 모두 그렸다. 그렇게 10분도 채 되지 않아 '어디에서 흐름이 끊기고 있었는지'가 선명하게 드러났다. 누구도 잘못한 게 아니었지만, 누락된 구간이 존재했고, 전략이 실제 실행에 연결되지 않는 구조가 눈에 보였다. 도식화는 복잡한 전략을 단순한 그림으로 바꾸고, 그 그림은 지금 무엇이 문제인지, 어디를 바꿔야 하는지를 알려주는 지도가 된다.

생각은 흐름으로 정리할 때 전략이 된다

머릿속에서 전략은 흔히 항목별로 흩어져 있다. '마케팅 계획', '서비스 개선', '고객 확보', '리소스 배분' 같은 단어들이 나열되지만, 그 사이에 어떤 연결이 있는지는 잘 보이지 않는다. 도식화는 이 각각을 선으로 연결된 흐름으로 만들어준다. 이 회사는 한 가지 기준을 잡았다. '고객의 여정'에 따라 모든 전략 요소를 재배열한 것이다. 고객이 인지하고, 방문하고, 탐색하고, 체험하고, 결제하고, 재방문하는 흐름 속에 각각의 전략이 어디에 위치하는지 그려봤다. 그러자 같은 전략도 어떤 건 초입에 작용하고, 어떤 건 후반부를 책임지는 구조라는 게 드러났다. 전략은 흐름 속에서 기능을 가지는 것이지, 항목으로 존재하는 게 아니다. 전략을 구조화하는 가장 좋은 방식은 흐름을 따라 그려보는 것이다.

복잡한 판단은 '구조'로 바꿔야 명료해진다

전략적인 판단은 언제나 복잡한 선택을 수반한다. 이 팀도 기존 교육 플랫폼을 유지할 것인가, 전면 개편할 것인가를 두고 내부에서 오랜 시간 논의해왔다. 수많은 의견이 오갔지만, 결론은 쉽게 나지 않았다. 이때 도식화가 다시 사용됐다. 두 가지 시나리오를 각각 '플랫폼 기능-고객 반응-개발 비용-운영 속도-마케팅 대응'이라는 기준으로 정리해 도식화했더니, 어떤 전략이 어떤 가치에 집중하고 있는지가 확연히 대비되었다. 기존 플랫폼 유지 전략은 리스크는 적지만 반복적인 비용과 내부 피로도가 높았고, 전면 개편은 초기 투자와 시행착오가 있더라도 새로운 고객군을 끌어올 가능성이 컸다. 말로 설명할 때는 혼란스러웠지만, 구조로 정리하니 판단이 빨라졌다. 전략은 복잡한 것들을 비교 가능한 형태로 단순화하는 작업이고, 도식화는 그 핵심 도구다.

모두가 같은 그림을 보게 해야 전략이 움직인다

전략은 혼자서 아무리 명확해도, 팀이 다르게 이해하면 실패한다. 이 회사는 프로젝트 킥오프 회의에서 꼭 사용하는 도구가 하나 있다. 바로 '전략 캔버스'다. 전략의 목적, 우선순위, 기대 효과, 대상, 타이밍, 역할 분담을 한 장에 정리해 모두가 보는 앞에서 함께 완성한다. 각자의 언어가 아니라 하나의 도식 위에서 같은 전략을 공유하게 되는 순간, 팀은 일관된 행동을 할 수 있게 된다. 도식화는 정보 정리가 아니라, 협업의 중심을 만드는 전략적 커뮤니케이션 도구다. 말은 다르게 들릴 수 있어도, 그림은 공유된다. 그래서 이 회의는 '전략을 세우는 자리'가 아니라 '전략을 함께 조율하는 시간'으로 작동한다. 각 팀은 이 캔버스를 바탕으로 자신의 업무와 연결 지점을 스스로 찾게 되고, 이 과정에서 실행력은 훨씬 높아진다. 복잡한 전략일수록 단순하게 시각화해야 한다는 원칙이 여기에 있다. 전략이 모두의 그림이 될 때, 실행은 자연스럽게 따라온다.

전략은 복잡한 생각을 '그릴 수 있을 때'부터 진짜로 시작된다

많은 사람이 전략을 머릿속에 품고는 있지만, 실제로 그려보는 일은 드물다. 그러나 그리는 순간부터 전략은 추상적인 생각에서 구체적인 형태로 바뀐다. 처음에는 네모와 화살표 몇 개로 시작해도 된다. 중요하지 않은 항목은 빠지고, 중요한 관계만 남게 된다. 생각은 적을 때보다 그릴 때 더 정리된다. 전략가의 사고는 머릿속에서 완성되지 않는다. 종이 위에서, 화이트보드 위에서, 화면 속 흐름도 안에서 다듬어진다. 전략은 설계의 기술이고, 도식화는 설계를 시작하는 가장 손쉬운 도구다. 특히 누군가에게 전략을 설명해야 할 때, 말보다 그림이 훨씬 빠르고 명확하게 통한다. 말은 해석의 여지가 있지만, 도식은 시선과 구조를 함께 보여준다. 그래서 전략가는 혼자 생각하는 사람이 아니라, 함께 이해시키는 사람이어야 한다. 도식화는 그 이해의 시작점이자 설계의 출발선이 된다.

생각을 도식화한다는 건 전략을 눈으로 확인하고, 구조로 판단하며, 함께 공유할 수 있는 틀로 만드는 일이다.

전략은 생각만으로는 정리되지 않는다.

그려야 비로소 움직이고, 그려야 방향이 명확해진다.

도식화는 반드시 화려한 그래픽 툴이나 전문 도구를 써야 하는 건 아니다.

종이 한 장에 펜으로 문제와 원인을 나누고, 화살표로 흐름을 정리하거나, 선택지를 나열해 경로를 비교하는 것만으로도 충분하다.

중요한 건 누구나 볼 수 있고, 함께 논의할 수 있게 만드는 것이다.

서울의 한 프랜차이즈 카페 본사는 매장별 매출 흐름을 공유할 때, 엑셀 수치 대신 '하루 동선 흐름도'를 도식화해 보여준다.

아침, 점심, 저녁 시간대별 고객 유형과 인기 메뉴, 회전률, 대기 시간 등을 한 장짜리 흐름도로 시각화하니, 각 점포 운영자의 이해와 피드백이 훨씬 빨라졌다.

도식화의 힘은 복잡한 정보를 단순화하는 데 있는 게 아니다.

중요한 것을 빠르게 찾고, 중요한 결정이 빠르게 공유되도록 하는 데 있다.

단, 도식화의 함정도 있다.

도식이 예쁘고 복잡해질수록, 핵심이 빠질 수 있다는 점이다. 도식은 예쁘게 꾸미는 자료가 아니라, 전략을 설계도로 만드는 도구다.

그러기 위해선 그려진 그림이 전략의 '지도' 역할을 하고 있는지 아래 세 가지 질문으로 점검해보자.

1. 이 그림을 보면, 무엇이 가장 중요한지 바로 알 수 있는가?
2. 이 구조는 실행의 흐름을 보여주는가, 아니면 단순한 나열인가?
3. 이 도식은 다른 사람이 봐도 같은 의미로 해석할 수 있는가?

전략은 머릿속에서만 맴도는 한, 절반짜리 전략이다.

손으로 그리고, 눈으로 보고, 말로 설명할 수 있을 때 비로소 완성된다.

도식화는 전략을 공유 가능한 언어로 바꾸는 기술이다.

초보자에서 전략가로

처음엔 누구나 '모른다'에서 시작한다

전략이라는 단어를 들으면 대부분 처음엔 머뭇거리게 된다. "내가 그런 걸 알 수 있을까?", "그건 리더들이나 하는 거 아냐?" 그런 생각이 마음 한편을 무겁게 누른다. 하지만 진짜 전략가들의 시작은 놀라울 정도로 평범하다. 전략은 어떤 특별한 재능이나 직급에서 나오는 게 아니라, '모른다'는 인정에서부터 출발하는 사고방식이다. 전략을 잘 세우는 사람은 처음부터 똑똑했던 사람이 아니라, 모른다는 사실을 제때 받아들이고, 알아가기 위한 질문을 놓지 않았던 사람이다.

전략가는 '모른다'는 것을 두려워하지 않는다

서울의 한 라이프스타일 브랜드 창업자는 사업 초기, 시장조사도 제대로 되지 않은 상태에서 브랜드를 론칭했다. 제품은 자신 있었고, 감각도 자신 있었지만, 실제로 출시하고 나니 고객 반응은 생각보다 미적지근했다. 이유를 몰랐다. "왜 안 팔리지?"부터 "사람들은 뭐가 필요한 거지?"까지, 질문만 늘어갔다. 이때 그는 두 가지 선택 앞에 섰다. 하나는 '내 감각이 맞다'고 우기며 밀어붙이는 것, 다른 하나는 '내가 뭘 모르는 걸까'라는 질문으로 돌아가는 것이었다. 그는 후자를 택했고, 결국 고객 인터뷰와 사용 맥락 관찰, SNS 댓글 분석 등 수많은 관찰 끝에 핵심 문제를 찾아냈다. 고객은 제품이 나쁘다고 생각하지 않았지만, '왜 이걸 사야 하는지' 명확한 이유를 느끼지 못하고 있었던 것이다. 메시지를 바꾸자 판매율이 바뀌었다. 중요한 건 전략의 시작이 분석이 아니라, 인정이라는 사실이다. "나는 아직 다 모른다"는 태도가 전략의 시작점이다.

'모른다'고 말할 수 있는 사람이 전략가가 된다

사람들은 모르는 걸 감추려는 경향이 있다. 직장에서는 특히 그렇다. "그건 왜 이렇게 하세요?"라는 질문에 "다 그렇게 하니까", "예전부터 해오던 거니까"라는 답이 나오는 순간, 전략은 멈춰 있다. 반대로 "잘 모르겠어요, 확인해볼게요"라고 말하는 순간, 전략은 다시 움직인다. 서울의 한 교육 스타트업에서는 운영 방식에 늘 의문을 던지는 신입 직원이 있었다. 처음엔 "왜 이 과정을 거치죠?", "이건 꼭 이렇게 해야 하나요?" 같은 질문이 어색하게 들렸지만, 나중엔 그 질문들이 기존의 비효율을 드러내는 중요한 단서가 되었다. 질문은 모른다는 것을 인정한 사람이 던질 수 있다. 그리고 질문은 새로운 전략을 시작하게 만드는 힘이 된다.

모르는 것을 덮지 말고, 모를수록 구조를 그려야 한다

전략은 모든 걸 아는 사람이 만드는 게 아니다. 오히려 너무 많이 알고 있다고 착각할 때 전략은 실패하기 쉽다. '모른다'는 상태에선 보이는 것과 안 보이는 것을 나누는 작업이 먼저 필요하다. 한 콘텐츠 기획팀은 매달 구독자 수가 줄고 있는 이유를 찾지 못했다. 하지만 모른다는 걸 인정하고 문제를 구조화해보자, 콘텐츠 종류, 발행 시간, 제목 스타일, 플랫폼 특성 등 요소가 나뉘었고, 그 안에서 유독 클릭률이 낮은 특정 시간대와 주제를 찾아낼 수 있었다. 막연한 직관 대신, 구조로 정리한 결과였다. 모르는 건 죄가 아니다. 하지만 모른다는 걸 덮고 진행하면, 결국 전략은 감이 아니라 운이 된다.

전략은 지식이 아니라 태도에서 시작된다

전략이란 단어는 자칫 '정보를 많이 아는 사람', '수치를 잘 분석하는 사람'의 전유물처럼 느껴지기 쉽다. 하지만 실제로 전략을 잘 세우는 사람들을 만나보면 공통점은 따로 있다. 그들은 대화 중에 자주 묻는다. "왜 그런 생각이 드셨나요?", "그때 고객은 어떤 행동을 했죠?", "그건 확신할 수 있는 건가요?" 이 말들은 모두 모른다는 것을 바탕으로 더 알고자 하는 태도에서 나온다. 전략은 지식에서 만들어지는 게 아니라, 현실에 귀 기울이고, 더 나은 방법을 찾고자 하는 끈기에서 만들어진다. 모르는 것을 감추는 사람은 과거의 전략을 반복하고, 모르는 것을 드러내는 사람은 미래의 전략을 설계할 수 있다.

전략의 시작점은 "아직 잘 모르겠다"는 말 속에 있다

초보자가 전략을 잘 세우는 사람으로 성장하는 데 필요한 건, 수많은 책이나 고급 지식이 아니다.

진짜 필요한 건 자신이 아직 모르는 게 있다는 걸 인식하고, 그 모름에서부터 구조를 만들고, 질문을 던지고, 관찰을 시작하는 태도다.

모른다고 말할 수 있는 용기, 그리고 거기서부터 천천히 그려가는 힘이 전략가의 시작점이다.

전략은 처음부터 알고 있는 사람이 만드는 게 아니다.

끝까지 질문을 놓지 않는 사람이 만든다.

모름에서 시작해 맥락을 이해하고, 흐름을 찾고, 방향을 설계하는 그 모든 과정이 바로 전략 그 자체다.

일상 속 전략 감각 키우는 연습

전략은 언제나 특별한 자리에서만 쓰이는 기술처럼 보인다. 보고서를 쓰거나, 사업 계획을 짜거나, 회의에서 발표할 때만 필요한 것처럼 느껴진다. 하지만 전략 감각은 그런 비상 상황이 아니라, 매일 반복되는 일상 속에서 자라나는 감각이다. 누군가는 커피 주문을 고를 때조차 전략적으로 판단하고, 누군가는 중요한 프로젝트 앞에서도 방향을 정하지 못한다. 차이는 거창한 지식이 아니라, 평소의 '생각하는 방식'과 '연결하는 습관'에 있다.

아침 루틴에도 전략이 숨어 있다

서울에서 직장 생활을 하는 한 30대 직장인은 매일 아침 같은 시간에 같은 지하철을 탄다. 하지만 몇 달 전부터 출근길 지하철이 너무 혼잡해져서 하루의 컨디션이 망가지는 일이 잦아졌다. 처음엔 '시간을 조금 바꿔볼까?' 정도였지만, 그는 거기서 그치지 않았다. 하루의 컨디션이 일 전체의 퍼포먼스를 좌우한다고 보고, '출근 전략'을 다시 세우기 시작했다. 먼저 지하철 정거장 혼잡도를 조사하고, 자전거 출근, 30분 일찍 출근해 카페에서 업무 정리하기, 유동적 재택근무 요일 조정까지 실험했다. 이후 자신에게 맞는 최적의 루틴을 만들었고, 실제로 업무 효율과 회의 집중도까지 높아졌다는 걸 체감했다.

이건 작은 생활의 변화지만, 하루를 설계하는 전략적 감각이 깃든 행동이었다.

불편함을 그냥 넘기지 말고, '전략적 단서'로 삼는다

일상에서 전략 감각을 키우는 가장 좋은 출발점은 불편함을 그냥 넘기지 않는 것이다. 마트에서 계산 줄이 너무 길 때, 음식 배달이 제시간에 오지 않을 때, 혹은 매일 사용하는 앱이 이상하게 불편하게 느껴질 때. 이 모든 순간이 전략적 감각의 훈련장이 될 수 있다.

한 콘텐츠 디자이너는 자신이 자주 이용하던 스트리밍 플랫폼에서 '매번 찾는 콘텐츠를 다시 검색해야 한다'는 불편을 겪으면서 "이건 왜 바로 추천 안 해줄까?", "내 사용 패턴은 반영되지 않는 걸까?"라는 질문을 스스로에게 던졌다. 이 작은 의문은 나중에 그가 실제 UX 전략을 기획할 때 고객 반복 패턴 기반 콘텐츠 자동 큐레이션 구조를 도입하게 만든 출발점이 되었다.

불편함은 전략을 키우는 감각의 시작점이다.

그걸 그냥 넘기지 않는 훈련이 필요하다.

하루 한 번 '왜 그렇게 하지?'를 묻는 연습

전략가는 항상 '질문을 멈추지 않는 사람'이다. 하지만 그 질문은 회의실에서만 필요한 게 아니다. 매일의 순간, 즉 일상 속에서도 "왜 저 브랜드는 저 가격을 유지할까?", "왜 이 카페는 창가 자리를 치워두었을까?", "왜 이 앱은 한 화면에 정보를 다 넣지 않았을까?" 같은 관찰 기반 질문을 던지는 습관이 중요하다. 이 질문들은 전략을 설계하는 사고의 뿌리가 된다. 매일 한 가지라도 '왜?'를 묻고 메모하는 습관은 전략적 직관을 훈련하는 가장 저렴하고 강력한 방법이다.

이건 누구나 당장 시작할 수 있다. 복잡한 이론 없이, 단지 질문을 던지는 것만으로도 사고의 패턴이 조금씩 달라지기 시작한다.

일상 속 선택을 작게 기록해본다

전략 감각을 키우는 또 다른 방법은 자신의 선택을 기록해보는 것이다. 오늘 점심을 왜 그 식당에서 먹었는지, 퇴근 후 어떤 루트를 택했는지, 쇼핑할 때 어떤 기준으로 비교했는지를 5줄 이내로 적어보는 훈련이다. 이건 단순한 습관 같지만, 실제로는 '나의 판단 기준'을 발견하게 만든다. 많은 전략가는 남의 행동을 설계하기 전에 자신이 어떻게 판단하고 선택하는지를 먼저 명확히 이해한다. 생각은 기록할 때 더 분명해지고, 그 분명해진 생각은 이후 전략을 짤 때 강력한 기준점이 된다.

일상 속 전략 감각은 '나만의 피드백 루프'에서 나온다

전략은 항상 계획보다 조정이 중요하다. 그리고 조정은 관찰과 피드백에서 시작된다. 예를 들어 "오늘 선택이 잘 작동했는가?", "내가 기대한 반응과 실제 결과는 어땠는가?", "다음엔 어떤 부분을 바꿔볼 수 있을까?"라는 질문을 매일 자기 전 3분 정도만 던져봐도 충분하다. 이건 거창한 회고가 아니라, 전략 감각을 키우는 루프의 형성이다. 처음엔 번거롭게 느껴질 수 있지만, 이 피드백 루틴이 반복되면 자신만의 전략적 사고 근육이 만들어진다.

전략은 특별한 순간에만 꺼내는 능력이 아니다.

작은 일상에서 질문하고, 관찰하고, 기록하고, 되짚어보는 사람이 결국 전략가로 자란다.

전략 감각은 한순간에 생기는 것이 아니다.

오늘 하루의 선택을 돌아보는 것부터 시작해보라.

그게 바로 전략의 첫걸음이다.

나만의 전략 노트 만들기

전략이라는 단어는 어쩐지 정리된 프레젠테이션, 세련된 도표, 복잡한 보고서로만 떠오른다. 하지만 진짜 전략가는 멋진 발표 자료보다 자신만의 사적인 전략 노트에서 출발한다. 그 노트는 거창할 필요도 없고, 포맷도 자유롭다. 핵심은 자신의 관찰, 생각, 실험, 실패, 통찰을 꾸준히 적는 공간을 갖는 것이다. 전략 노트는 '머릿속 전략'을 '눈앞의 전략'으로 바꾸는 가장 단순하면서도 강력한 도구이며, 노트한 권으로도 전략가는 충분히 만들어질 수 있다.

전략 노트는 '문제'가 보일 때부터 시작된다

서울의 한 중고가구 리셀러는 사업 초기 SNS 홍보에 어려움을 겪고 있었다. 콘텐츠는 많았지만 반응은 적었고, 유입은 늘지 않았다. 그는 인플루언서에게 문의하거나 광고를 더 집행하는 대신, 자신이 직접 전략 노트를 쓰기 시작했다. "어제 올린 게시물의 주제는?", "해시태그는 뭐였나?", "댓글 수는?", "어떤 시간대에 게시했지?", "내가 기대한 반응은?" 이렇게 하루하루 관찰하고 간단히 메모하면서, 그는 무엇이 작동하고 무엇이 헛발질이었는지를 확인해갔다. 불과 2주 만에 어떤 시간대에 어떤 제목이 반응이 좋은지를 파악했고, 한 달 뒤엔 '가구별 정서적 키워드 매칭'이라는 자신만의 콘텐츠 전략을 만들 수 있었다. 전략 노트는 문제를 단서로 바꾸고, 단서를 흐름으로 엮어주는 훈련장이 된다. 문제를 그냥 지나치지 않고 기록하는 것, 거기서부터 전략은 움직이기 시작한다.

전략 노트는 전략적 사고를 훈련하는 도구다

사람은 머릿속에 있던 생각을 글로 적는 순간 더 명확하게 이해하게 된다. 전략 노트는 그래서 반드시 눈으로 확인 가능한 형태로 존재해야 한다. 업무가 끝난 저녁, 하루 중 전략적 판단이 필요했던 순간을 떠올리며 "내가 왜 그 선택을 했는가?", "그 선택의 결과는 어땠는가?", "다음에 다시 한다면 무엇을 바꿀까?"라는 질문을 적어보는 것만으로도 충분하다. 이렇게 쓰인 글은 단순한 회고가 아니라, 반응의 흐름을 추적하는 전략 설계서가 된다. 중요한 건 잘 쓰는 것이 아니라, 계속 쓰는 것이다. 생각은 잊히지만, 노트는 남는다. 그리고 남은 기록은 어느 순간 연결되어 하나의 전략적 시선으로 발전하게 된다.

전략 노트는 '실패'를 저장하는 도구다

많은 사람들은 실패한 전략을 그냥 덮는다. "그땐 타이밍이 안 좋았어", "고객 반응이 나빴어"라며 대충 넘기지만, 전략가는 실패를 구조로 남기는 사람이다. 한 프리랜서 영상편집자는 고객 만족도가 유난히 낮았던 프로젝트를 끝낸 뒤 단순히 '클라이언트가 까다로웠다'는 식으로 넘기지 않고, 전략 노트에 실패 과정을 세세히 정리했다. "첫 미팅에서의 요구사항 확인 미흡", "중간 피드백 체크 누락", "파일 전달 지연에 대한 사전 안내 없음" 등으로 정리된 기록은 다음 프로젝트에서 반드시 챙겨야 할 체크리스트가 되었고, 결과적으로 다음 고객과의 협업에서 훨씬 매끄러운 흐름을 만들었다. 실패가 지워지지 않고 구조화될 때, 다음 전략의 수준은 한층 높아진다. 전략 노트는 감정을 적는 노트가 아니라, 실행을 다듬는 지도로 활용되어야 한다.

전략 노트는 '패턴'을 만드는 도구다

하루 이틀은 변화가 없다. 하지만 한 달, 세 달이 지나면 전략 노트엔 놀라운 패턴이 생긴다. 성공한 전략에는 공통된 흐름이 있다는 사실을 눈으로 확인하게 된다. 예를 들어 마케터가 "타깃을 좁혔을 때만 반응이 왔다"는 기록을 여러 번 남기게 된다면, 그건 더 이상 우연이 아닌 인사이트다. 또는 "일주일을 돌아보며 점검하는 회의를 했던 주는 다음 주 퍼포먼스가 더 좋았다"는 식의 흐름이 반복된다면, 조직의 리듬을 다시 짜야 한다는 의미일 수 있다. 패턴은 반복에서 만들어지고, 그 반복을 기록하는 도구가 바로 전략 노트다.

전략 노트는 나만의 도구로 만들어야 오래간다

누군가는 종이에, 누군가는 노션에, 또 다른 누군가는 스마트폰 메모앱에 정리한다. 형식은 중요하지 않다. 핵심은 자주 열어보고 쉽게 쓰게 만드는 것, 즉 '나에게 맞는 방식'으로 설계하는 것이다. 기록은 반복될수록 익숙해지고, 익숙해진 기록은 습관이 되며, 습관은 곧 사고의 틀이 된다. 전략 노트는 남에게 보여주기 위한 문서가 아니다. 오로지 나를 위한 전략의 설계 연습장이며, 그 연습장은 하루하루를 점으로 남기는 것이 아니라 점들을 선으로, 흐름으로, 구조로 연결해 주는 공간이다.

전략은 외우는 것이 아니라, 기록하며 깨닫는 것이다.

나만의 전략 노트를 만들고, 작은 질문과 짧은 관찰, 실패의 기록을 한 줄씩 남기다 보면 어느새 그것들이 전략적 사고의 체계가 되어 있다. 머릿속에서 맴도는 생각을 꺼내는 첫걸음, 그게 바로 전략 노트의 시작이다.

전략가처럼 말하고 설득하는 법

전략적인 사고를 갖고 있더라도, 그걸 말로 제대로 전달하지 못하면 현실에서는 아무런 힘을 발휘하지 못한다. 말이 전략의 끝이 아니라 시작이라는 말은, 전략을 행동으로 옮기기 위해 반드시 필요한 첫 단계가 커뮤니케이션이라는 뜻이다. 특히 전략가처럼 말한다는 건 단순히 '논리적으로 말한다'는 걸 넘어서서, 상대가 듣고 '이해하고, 공감하고, 움직이게' 만드는 설득의 기술까지 포함한다. 즉, 말 자체가 설계가 되어 있어야 한다. 서울의 한 신생 식음료 브랜드 마케터는 이 점을 실감한 경험이 있다. 내부 전략 회의에서 그는 참신하고 효과적인 캠페인 아이디어를 냈지만, 아무도 움직이지 않았다. 그런데 불과 일주일 후, 똑같은 아이디어를 다듬어 다시 설명하자 회의장은 분위기가 달라졌다. 전략이 바뀐 게 아니라, 말이 바뀐 것이다.

전략가처럼 말한다는 건, 정보가 아니라 구조를 말하는 것이다

사람들은 어떤 전략적 아이디어를 말할 때 종종 너무 많은 정보를 한꺼번에 쏟아낸다. "요즘 시장 흐름이 이렇고요, 이 데이터를 보면 이런 수치가 나왔고요, 이 캠페인이 이런 반응을 얻었고요…" 이런 식으로 말이 길어지면, 듣는 사람은 핵심을 놓치기 쉽다. 전략가는 말할 때 단순히 정보를 나열하지 않는다. 오히려 정보를 '구조화된 흐름'으로 전달한다. "현재 문제는 A이고, 원인은 B다. 이를 해결하기 위해 우리는 C라는 전략을 제안한다. 그 전략은 D라는 효과를 만들어낼 것이다." 이렇게 '문제-원인-해결-기대효과'로 흐름을 만들면, 듣는 사람은 전략의 흐름을 따라가기 쉽고, 그 흐름은 곧 설득력이 된다. 전략은 머릿속에 있을 때보다, 말로 설명될 때 더 명확해진다.

전략가는 말보다 '논리의 순서'를 먼저 짠다

전략가처럼 말하는 사람은 프레젠테이션 자료가 없어도 흐름을 만들 줄 안다. 핵심은 무엇을 먼저 말하고, 무엇을 나중에 말해야 할지를 판단하는 능력이다. 예를 들어 '신규 고객 유입이 줄었다'는 이슈가 있다면, 단순히 "이벤트를 강화해야 한다"는 제안만으로는 설득력이 약하다. 대신, "최근 유입이 줄고 있는 원인은 세 가지로 보입니다. 첫째, 채널의 노출 빈도가 감소했고, 둘째, 콘텐츠 반응률이 낮으며, 셋째, 신규 유입보다 기존 고객의 재방문을 더 강조해온 전략이 작동하고 있기 때문입니다. 따라서 유입 자체를 늘리기 위한 방향은, 콘텐츠와 채널 최적화가 우선입니다." 이런 식으로 원인-논리-결론 구조로 이야기하면, 듣는 사람은 '왜 그렇게 해야 하는가'를 납득하게 된다. 전략적 언어는 순서가 설득이다.

전략가는 '상대의 입장'을 먼저 생각한다

설득은 말하는 사람이 중심이 아니라, 듣는 사람 중심에서 시작해야 한다. 전략적으로 말하는 사람은 듣는 사람이 무엇을 중요하게 생각하는지, 어떤 질문을 가질지, 어디에서 거부감을 느낄지를 미리 상상하고 말의 구조를 짠다. 서울의 한 온라인 교육 스타트업 전략 담당자는 고객 이탈률을 줄이기 위한 개선안을 발표할 때, 이렇게 시작했다. "저희 팀은 이탈률 수치를 분석해서 문제를 해결하는 방식이 아니라, 고객의 이탈 '이유'를 분석하는 관점에서 접근했습니다. 그 관점에서 오늘 설명드릴 전략의 흐름은 세 가지입니다." 그는 발표를 듣는 이들이 단순한 수치나 기획보다 '문제에 접근하는 방식'에 관심이 있다는 점을 알고 있었고, 그 기대를 충족시켜 설득력을 얻었다. 설득은 말을 잘하는 게 아니라, 상대의 맥락을 잘 읽는 데서 출발한다.

설득의 핵심은 '한 문장'으로 정리할 수 있어야 한다

전략을 말할 때 가장 중요한 질문은 이것이다. "이 말을 듣는 사람은 나중에 뭐라고 요약해서 기억할까?" 아무리 멋진 전략도, 복잡하고 길게 설명되면 전달되지 않는다. 그래서 전략가처럼 말하려면, 전체 내용을 하나의 문장으로 압축할 수 있어야 한다. 예를 들어 "이 프로젝트는 고객 충성도를 올리기 위한 '첫 구매 만족도 극대화 전략'입니다."라는 문장 하나가 전략 전체를 요약할 수 있다면, 그 말은 설득력을 갖는다. 한 문장은 방향을 주고, 기억을 남기며, 실행을 유도한다. 긴 설명보다, 선명한 한 줄이 전략적 언어의 핵심이다.

전략가는 말로 '그림'을 그리는 사람이다

전략을 잘 말하는 사람의 특징은, 말이 끝나고 나면 머릿속에 그림이 그려진다는 것이다. 어떤 흐름이 있었고, 누가 어떤 역할을 하며, 어디가 전환 포인트인지가 명확하게 정리된다. 이는 추상적인 개념이 아니라, 구체적인 장면으로 말했기 때문이다. 앞서 말한 식음료 브랜드 마케터는 두 번째 회의 때 이렇게 말했다. "이번 캠페인은 '카페에서 나눠 마시는 순간'이라는 장면을 타깃에게 먼저 각인시키는 게 핵심입니다. 그래서 영상과 이미지의 시작을 모두 '두 잔의 음료'에서 출발하게 기획했습니다." 팀원들은 그 말을 듣고 구체적인 이미지를 그렸고, 전략은 실행 가능성 있는 설득으로 받아들여졌다. 전략은 말로 그림을 그려야 움직인다.

전략가처럼 말하고 설득한다는 건, 정보만을 나열하지 않고 구조를 만들고, 흐름을 설계하고, 한 문장으로 요약할 수 있게 하는 말의 기술이다. 그리고 그 말은 상대를 중심으로 짜야 하며, 머릿속 그림까지 그려주는 설계여야 한다. 전략은 말이 아니라 흐름이고, 설득은 말이 아니라 감각이다. 말하는 방식이 바뀌는 순간, 전략은 현실이 된다.

전략, 결국은 실행이다

전략이라는 단어는 어딘가 이론적이고 추상적인 느낌을 준다. 마치 회의실에서 도표를 보며 논의하거나 보고서를 통해 정리되어야 하는 것처럼 보인다. 하지만 실제로 전략의 힘은 실행될 때 드러난다. 아무리 멋진 전략이라도 행동으로 옮겨지지 않는다면 그건 단지 좋은 아이디어일 뿐이다. 전략은 생각이 아니라 움직임이고, 변화는 말이 아니라 실행에서 만들어진다. 실행 없는 전략은 미래가 없는 계획이다. 그리고 실행으로 옮겨지는 순간, 전략은 현실과 부딪히고 다시 조정되며 조금씩 다듬어진다. 서울의 한 로컬 푸드 마켓 창업자는 바로 이 실행의 중요성을 몸으로 겪으며 전략가로 성장했다.

전략은 책상 위가 아니라 현장에서 검증된다

이 창업자는 처음 가게를 열면서 로컬 재료와 건강한 먹거리를 강조한 콘텐츠 전략을 세웠다. SNS 마케팅, 스토리텔링 콘텐츠, 식재료의 산지 정보까지 철저히 기획했다. 하지만 오픈 첫 달, 기대한 매출은 나오지 않았고 반응도 조용했다. 그때 그는 전략이 틀린 건 아니지만 실행 방식이 부족했음을 깨달았다. 그래서 다음 주부터 가게 입구에 시식 부스를 설치하고, 손님이 어떤 반응을 보이는지 직접 관찰했다. 사람들은 건강한 먹거리에 관심은 있었지만, '맛이 어떠냐'는 질문을 먼저 했다. 이후 그는 맛 중심의 피드백을 반영해 콘텐츠의 흐름을 바꾸고, 매장에서의 경험 요소를 강화했다. 전략은 책상 위에서 만든 게 아니라, 가게 앞 시식대에서 다듬어진 것이다.

실행은 '빠르게, 작게, 자주'가 핵심이다

많은 전략이 실행되지 못하고 머무는 이유는, 너무 완벽하게 만들려고 하기 때문이다. 하지만 완벽한 전략이 나올 때까지 기다리는 건 실제로는 아무것도 하지 않는 것과 같다. 앞서 언급한 로컬 푸드 마켓 대표도 처음에는 '모든 채널을 통합한 브랜드 캠페인'을 준비했지만, 실행하지 못했다. 결국 그는 하루에 한 가지 메뉴만 소개하고, 한 명의 고객에게만 반응을 요청하는 작고 빠른 전략 실행으로 전환했다. 그 작은 실행들이 쌓이며 고객 피드백이 데이터가 되었고, 그 데이터가 다음 전략을 더 단단하게 만들었다. 전략은 거창한 발표가 아니라, 하루에 한 번 실행하는 움직임에서 완성된다. 빠르게 실험하고, 작게 반응하고, 자주 다듬는 실행이 전략을 살아 있게 만든다.

전략은 머무는 것이 아니라 흐르는 것이다

전략은 멈춰있는 것이 아니라, 항상 변화하는 흐름 속에 있다. 실행이 없다면 전략은 금세 현실과 어긋나게 되고, 아무리 멋진 계획이라도 동력을 잃는다. 반면 꾸준한 실행은 전략을 살아 있게 하고, 계속해서 조정할 수 있는 근거를 만든다. 실행은 완성을 위한 단계가 아니라, 전략 그 자체의 일부다. 전략을 잘 세우는 사람은 많지만, 전략을 실제로 움직이는 사람은 많지 않다. 결국 전략가와 비전문가의 차이는 실행의 빈도와 태도에서 갈린다.

생각보다 전략은 어렵지 않다. 어려운 건 꾸준히 실천하는 일이다.

전략은 머릿속에 있을 때보다 손에 잡힐 때, 말보다 행동에 담길 때 가장 강력해진다.

그리고 그 시작은 거창한 프로젝트가 아니라, '지금 내가 할 수 있는 아주 작은 실행'이다.

전략은 생각이 아니다. 전략은 실행이다.

일 잘하는 사람들의 비밀 노트 05

처음부터 배우는 경영전략

초판 1쇄 발행 2025년 5월 30일

지은이 백광석
펴낸이 백광석
펴낸곳 다온길

출판등록 2018년 10월 23일 제2018-000064호
전자우편 baik73@gmail.com

ISBN 979-11-6508-649-7 (13320)